中学受験のリアル

宮本さおり
Miyamoto Saori

インターナショナル新書　149

はじめに

「はじめはそんなつもりじゃなかったんですが……」

中学受験を終えた家族へのインタビューでたびたび出るのがこの言葉だった。

私が中学受験についての取材を始めたのは2018年のことだ。当時、東京都では4人に1人が私立や国立の中学を受験する状況になっていた。教育熱心な家庭が多いエリアでは、学年の7割から8割が中学受験をするという小学校まで存在していた。東京都の場合、都立中高一貫校の台頭も、中学受験を目指す子の数を伸ばした。中学受験の波はコロナ禍でも冷めることなく続いていった。中学受験を目指す子が多い環境を求めて、学区外から越境入学する家庭もあるほどだった。

受験率の高い地域では、都内の中学受験本番が近づく1月になると、インフルエンザの感染予防のため学校を休ませる家庭も見られる。そして、2月1日から始まる入試本番の数日間、教室は静まりかえる。多くの子どもたちが中学受験に向かうため、各クラス片手で収まるほどの子しか登校しなくなるからだ。

受験をして入る中学などなかった地方に育った私にとって、この光景は驚きだった（だがその故郷にも2025年に公立の中高一貫校が開校する。本書では、地方の公立中高一貫校についての解説も入れた）。

中学受験という道を選ぶ家族はどうしてその道を選んだのか。その答えとしてよく出てくるのが冒頭の言葉だった。そして、その「そんなつもり」には、家庭によっていろいろな意味が込められている。

学童保育の代わりと思って入った塾でなんとなく勧められ、中学受験コースに入った。

中学受験をするつもりじゃなかったが、高校受験は大変だと聞いて、中学受験を選んだ。

本人の希望で入塾。親としては、それほど偏差値上位校をと考えていたわけでもないが、「お子さんの成績なら上位校を目指せる」と塾から言われて難関校を目指すようになった。

などなど、5年間の取材を通して私がよく耳にしてきた「そんなつもり」の中身の多くはだいたいこうした声だった。そして、この言葉の先にはそれぞれの家庭のドラマがあった。ありきたりに聞こえるが、確かにそれは筋書きのない「ドラマ」なのだ。

多くの家庭は不安でいっぱいだ。たとえそれが二人目の子どもの受験であっても、不安な気持ちは変わらない。通う塾はここで合っていたのか、志望校はこれでいいのか、本当に、この学校に入ってよかったのか……。

親のプロなどいない。親を何年やっていても、その年齢のその子どもと向き合うのは初めてだから迷って当たり前なのだが、当事者でいる間はなかなか俯瞰《ふかん》して見ることができない。かくして親は、不安と期待、希望の入り交じった感情と眼差《まなざ》しで、子どもたちを見てしまう。そして、時には、親の不安で子どもを苦しめてしまうこともある。

中学受験に不安な気持ちがつきまとう原因の一つには、リアルな情報の見えづらさもあるように思う。難関校に合格した体験談はネット上にあふれている。しかし、うちもあんな風に頑張ろうと思っていた家庭でも、やがて難関校を目指す力を持てる子は一握りという現実に気がつく。その一握りに入らなかった子どもたち、その他大勢として声を聞かれていなかった子どもたちがいったいどのようにして中学受験を通過したのだろうという疑問が浮かんでも、答えは個人のブログを探すほかは『二月の勝者』（小学館）などのマンガや小説の世界になってしまう。周りに聞いてもお互いに本音で話すことは難しい。同じ学年の保護者はもちろん、違う学年の保護者であっても本音は言いづらい。下手に話せばわが子の自慢と見られる可能性もあるからだ。

ここまで中学受験の受験者数が伸びたのには、偏差値上位校を目指すガチ受験勢だけでなく、本人に合った学校と巡り合えたらそれで幸せという家庭が増えたことも大きい。しかし、こうした家庭の話はキャッチーな話でもないため、メディアにもなかなか出回らない。これらの事情が相まって「リアルな情報」を手にすることが難しい状況が続いていたのだ。

中学受験に挑むのは、まだ伸びしろだらけの小学生の子どもたちだ。成熟度合いは子どもによって大きく違うため、隣の子の受験体験が自分の子どもに当てはまるとは限らない。これは極端な例だと思うが、赤ちゃんの頃を思い浮かべてみてほしい。同じ学年になる子どもでも、すでにハイハイができている子、離乳食が食べられるようになった子もいれば、寝返りもまだという子もいたはずだ。小学6年生といえどもそれは同じだ。体格も内面の成長も、子どもによって違いがある。だからこそ、「本当にうちの子これでいいのかな?」と親は悩む。

第一志望に合格できるのは約3割しかいないといわれる中学受験。多くの家庭が「不合格」の3文字を目にする現実を考えるなら、成功体験談ばかりに目を向けているわけにはいかない。中学受験という競争に負けた経験も、悔しかった経験も、すべてひっくるめて書く、これが、東洋経済オンラインの連載『中学受験のリアル』の始まりだった。

夜遅くまで塾に通う子どもたちは、どんな思いで通っているのか。また、それを送り出す家族は、どのような気持ちで中学受験と向き合っているのか。それぞれの声を聞いてみたくなった。私に連載の話をもちかけてくれたのは東洋経済オンラインの編集者の吉川明日香さんだった。成功体験だけじゃない、もっとリアルな中学受験の話を出したいという吉川さんの思いは私の思いと重なった。こうして始めた取材初回、JR山手線のとある駅近くの喫茶店で吉川さんも同席する中、連載最初の取材は始まった。

事実は小説よりも奇なり。受験を終えた家族にインタビューをするたびに、この言葉が私の頭に浮かんだ。

しかし、中学受験はしょせん大都市圏に住む家族の話だ。それほど読まれることはないかもしれない、そんな思いも抱いていた。それでもこの連載を始めたのは、中学受験を通して見えてくるもの、それぞれの家族が発する言葉には、中学受験だけに留まらない子育ておける普遍的なメッセージがあるように感じたからだ。スポーツに熱くなる家庭があるように、彼らは志望校合格という山の頂《いただき》を目指して親子で歩んでいるのだ。そして、その道のりは決して平坦ではない。目指す山をどれにするのか、親はそこから子どもと一緒に考えていかなくてはいけない。山頂を目指すのはあくまでも子ども本人だが、倒れそうになるときには支えてやることも必要だ。子どもの力を見くびらず、しかし、過大評価もせず、ありのままの子どもを受け止めてじっと見守ることができるか、受験生を支える親の力の見せどころはそこにあるように思う。前から引っ張るのではなく、後ろで手を広げ、もしもに備える。これが親の基本姿勢となるのだ。これはどの年齢の子の子育てにも繋がることではないだろうか。

本書は東洋経済オンラインの連載をベースに加筆しまとめたものだ。掲載当時は本人が入学したてだったため、個人の特定を避けるために伏せていた塾名や学校名もあった。取材協力家庭が当初から学校名公開を承諾していたケースもあったが、本人への影響を考えて、あえて伏せていたものもある。書籍化にあたり、すでに卒業後の年数が経過し、個人の特定に繋がるリスクの少ないものや、家族の承諾を得られたものについては学校名や塾名をできるかぎり明記した。

本書で取り上げているのは中学受験だが、各家庭の物語は高校受験や大学受験にも通じるものがある。高校などへの進学率が98・7パーセント（2023年度）の日本では、人生の中で受験にまったく関係がないという子のほうが少ない。本書がそれぞれの頂を目指す子を支えるための一助となれば幸いだ。

目次

「全落ち」は珍しくないという現実

首都圏模試センターの表をもとに作成

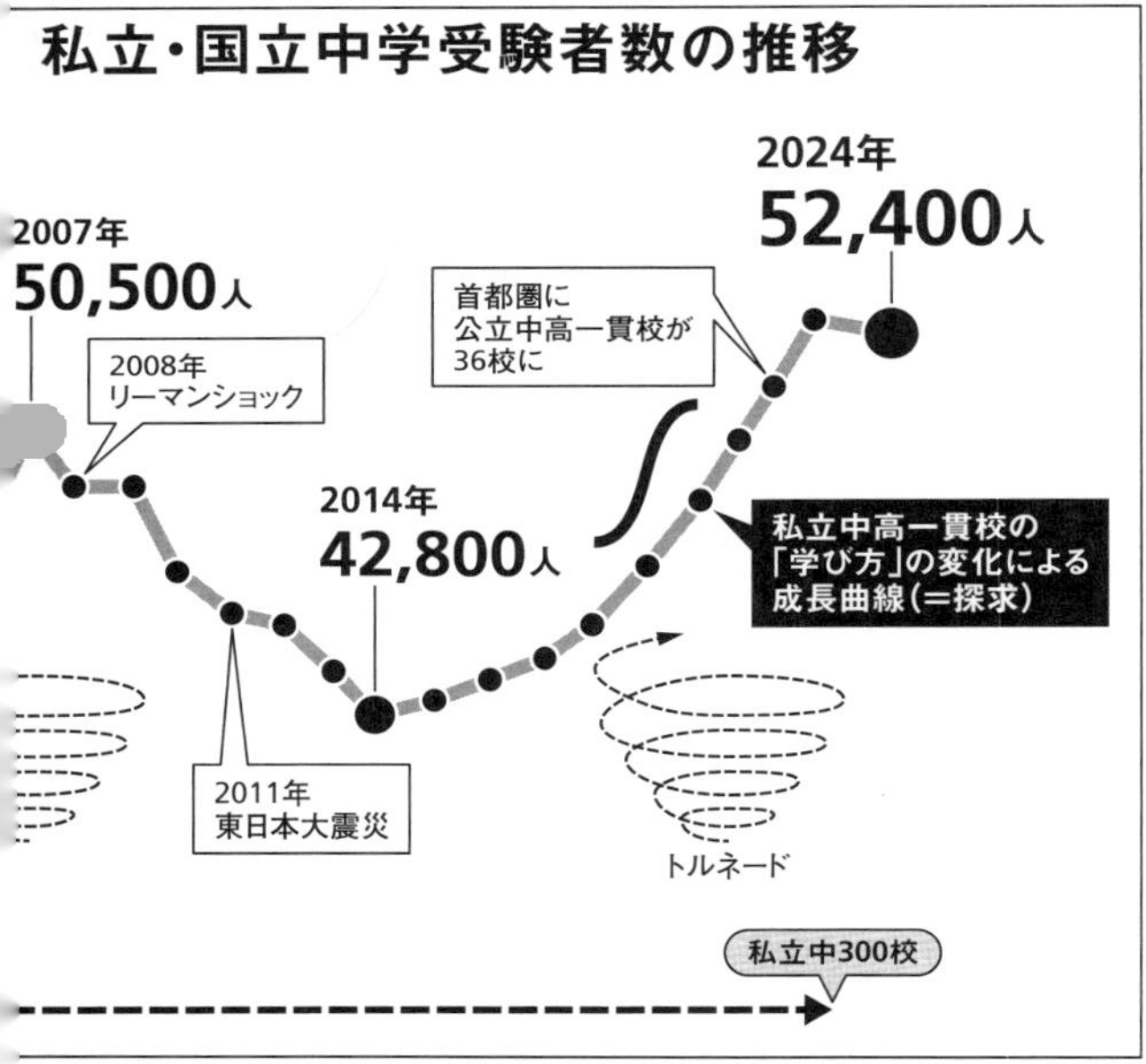

東洋経済オンラインで始まった連載『中学受験のリアル』の最初の記事は驚くほど多くの人に読まれた。公開初日に同サイト内の人気ランキングを一気に駆け上がり1位となった。東京、神奈川、千葉、埼玉の一都三県の中学受験本番は1月から2月上旬にやってくる。記事は最終的な出願校を決める最後の模試の直前、11月の公開ということもあってか、受験（受検ということもある）を目指す子をもつ保護者の心をつかんだ。

首都圏の中学受験者数はリー

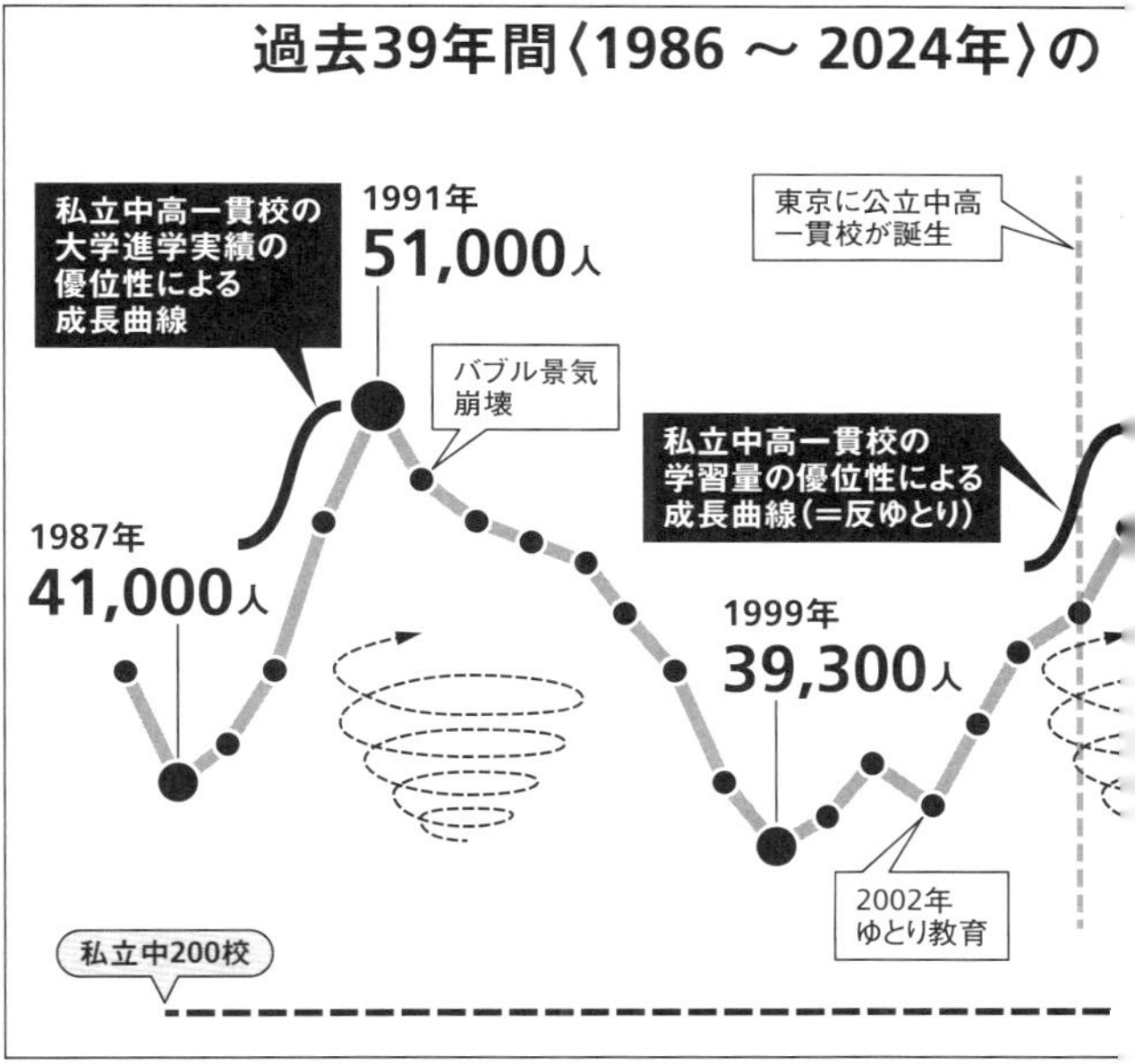

マンショック後に減少に転じていた。しかし、この記事の取材をした頃にはすでにグラフの曲線は上向きに変わっていた。挑戦する子どもが増えればそれだけ落ちる子どもも増えることになる。記事の見出しに入った「全落ち」という衝撃的な言葉は、保護者たちの心を揺さぶった。

「この記事に出てくる子が入学した学校はどこなのか」

保護者が情報交換するネット上の掲示板には、主人公の少年が入学した学校をわが子の志望校に考えたいという親からの投稿がなされ、学校名を探るスレッドまで立ち上がった。当時はまだ在学中の本人を守るため、学校名を明かさないようにしていたが、今回、取材協力してくれた家庭の許可が得られたため、本書では公開することにした。

「全落ち」という状況は稀《まれ》ではなく、どの子どもにもありえることだ。この事実を知って受験に挑むのと、知らずに挑むのとでは、親の腹のくくりようも変わるように思う。

ちょうど、14ページのグラフで増加にさしかかったタイミングがこの家庭が中学受験をした年だった。そして、２０２３年度には長らく過去最高と言われてきた１９９１年の受験者数が更新された。２０２４年度はわずかに減少となったものの、これは小学6年生の児童数が減ったこともあってだろう。

受験者数は微減となったが、受験をする子どもの割合は少し増え、首都圏模試センターが行った調査によると、この年も首都圏（一都三県）では私立と国立だけでも18パーセント以上の子が中学受験を経験している。都立中高一貫校を合わせると割合はさらに上がる。わが子を負け戦《いくさ》に送り出したい親などいない。しかし、受験には合否がつきもの。「全落ち」する子がいるのもまぎれもない事実なのだ。

エピソード1　学童保育の代わり程度で始まった中学受験

都内にある私立男子校に通う中村伸也君（仮名・当時14歳）。学ランに身を包み、日々学校に通う彼の表情は明るい。休日に自宅マンションに遊びに来る親しい友人もでき、学校生活を謳歌《おうか》している。母親の順子さん（仮名）は、自宅に来た息子の友人たちと一緒に語り合う日もあるという。

絵に描いたような幸せな母子の風景だが、小学校の頃はまさかそんな日々が来るとは想像もできなかったと順子さんは言う。

小学校3年以降、中村家が体験したのは「中学受験戦争」。それも真っ暗闇に近い――。

中学受験スタートの号砲は、ある日突然に鳴った。

年末、小学3年生の伸也君の母親が取ったのは、塾からかかってきた電話だった。

「息子さん、中学受験を希望されています」

順子さんには寝耳に水だった。息子からは中学受験をしたいなどとは一言も言われたことがなかったからだ。

「え？」

と言葉を詰まらせた順子さんに、電話の主はこう続けた。

「息子さんの意思ですし、一度、お話に来ませんか？」

塾に押し切られるように、愛息の中学受験勉強がスタートした。

当時、順子さんと仲也君は、埼玉県で二人暮らし。順子さんは少し前に離婚し、シングルマザーになっていた。生活のため、会社員としてフルタイムで働いており、帰宅はいつも午後6時過ぎ。息子が3年生になる頃には出張も多くなり、帰宅が夜10時近くになる日も出てきた。順子さんの母親はすでに他界しており、父親はまだ現役。そのため、近くに仲也君の世話を頼める身内もいなかった。

「息子が3年生になる頃から責任の重い仕事が増え、帰りが遅くなることや出張も出てきたので、学童の代わりにと思って入れたのが、自宅近くの臨海セミナーでした。塾代は2教科で5000円と良心的。塾の説明を聞くと、授業のない曜日も自習室が使え、しかも学校の宿題も見てくれる。いいことずくめに思えました」

夜遅くまで働く順子さんにとって、夜9時までいられる自習室は、まだ幼いわが子を家にたった一人で置いておくよりも安全に感じられた。ふれ込みのとおり、授業のない日も自習室が使えた。そのうえ、夏休みには作文の宿題までも見てくれるという手厚さ。仲也君は毎日のようにそこで過ごすようになり、塾はもはや、仲也君にとっての「第二の家」のような場所となっていた。

　そんな折、子どもに配られたのが塾からのアンケートだったのだ。

「塾は楽しいですか？」

「勉強でわからないところはないですか？」

など、塾への満足度や勉強についての質問に続き、最後に出てきたのが、

「中学受験をしたいと思いますか？」

という質問だった。

　仲也君の回答は「はい」に◯がついていた。

　母親が本人に確認すると、

「先生が受験してみたら？　と言うから、じゃあ、やってみようかなと思って」

と教えてくれた。面談では、

「息子さんの成績ならば上位校も狙えます。頑張りましょう」といった言葉をかけられた。

　その後、

「今受験を決断したら、優先的に受験コースに入れますよ」

とダメ押しの一言。

受験コースには枠があり、みんなが入れるわけではないことを匂わせながら、うまく保護者を誘導する。営業の常套句《じょうとうく》にも聞こえるが、中学受験をする子が多いエリアではあながちウソでもない。小学3年生2月開始の新年度コースに入らなければ、満席で入塾できないところもある。大手中学受験塾のサピックス（SAPIX）など、校舎によっては小学1年生から入らなければ席が取れないことすらあるのだ。

受験して入る中学など近くになかった筆者も、初めはまさかと思っていたが、取材を続けるうちに、これが大げさでないこともわかってきた。とはいえ、伸也君が暮らしていた地域の当時の状況を考えると、都内の受験率が高い地域と同等とは考えにくかった。だが、この塾からの説明に母親の心は動いた。

校舎により違う雰囲気

受験コースに替わると生活は一変した。通いなれた校舎には中学受験コースはなく、他の校舎へ電車で通うことになったのだ。塾代も一気に万単位で上がった。距離、金額とも、もはや学童保育の代わりではない。それでも本人の意思だからと、順子さんは息子の希望を最大限叶えようとした。

ところが中学受験の塾生活はそう生やさしいものではなかった。通い始めて数カ月、初めは順調だった成績も4年生になると急降下。好調時と比べると偏差値は15〜20ポイントも下がってしまった。電車で通う校舎の受験クラスは、「第二の家」とまで呼んだ元の校舎とは雰囲気も大きく違った。成績によるクラス替えもあり、塾生同士はライバル関係。新校舎はまるで〝戦場〟のようだった。

この校舎に通うようになってから、成績は下がり続けた。すると、伸也君の心にも変化が現れた。〝劣等感〟が住みつきだしたのだ。母親がどんなに、

「大丈夫、次の試験はきっとできるよ」

と声をかけても、

「僕はできないんだ……」

と言うばかり。根深い劣等感に苦しみ、受験コース入塾時に目標としていた、早稲田大学の附属校には、到底手の届かぬ成績にまで下がっていた。

塾では成績の張り出しもあった。成績上位の子たちは教室の中で、大きな存在感を放っ

ていた。伸也君はたびたびこう漏らすようになる。

「なんとなくみんなが怖いんだ」

この成績と精神状態で、本当に受験にチャレンジすべきなのか――。

同じ塾でも校舎により雰囲気が違うのはほかの塾でも見られる。サピックスのマンモス校舎に通わせていた家庭を取材したことがある。小規模校舎から受験コースのある大きな校舎へ移った伸也君とは逆に、その家庭では息子がサピックスのマンモス校舎から中規模校舎に替わった。母親は、10クラス以上もあるマンモス校舎と違い、先生への質問もしやすく、丁寧に見てもらえる気がすると話していた。彼はここから海城中学校に進んでいる。マンモス校舎でなくとも上位校は目指せる。受講するクラスの雰囲気や先生が子どもに合っていないと感じたときは、校舎を替えるだけでも成績が変わることもある。

伸也君の母親も、息子の「怖い」という言葉が気にかかっていた。もしかして、合っていないのでは……そんな順子さんの気持ちを察知してか、塾側は頻繁に電話をかけてきた。

「大丈夫です。本人は今頑張っていますから、ここであきらめたらもったいないです。私たちに任せてください！」

しかし、もう限界だと思った順子さん。伸也君が6年生となる春、驚きの決断を下した。

それは埼玉から東京への引っ越し。そして順子さんが会社をやめ、フリーランスになることだった。引っ越しと転職という、母子ともにとても大きな変化というリスクをとりながらの、大胆な「リセット」である。

順子さんには、数年かけて降り積もった息子の劣等感を払拭したいという強い願いがあった。そのためにも、もう少し息子に関われる暮らしに立て直したいと思ったのだ。埼玉に住む前、離婚するまでは東北地方で暮らしていた順子さんと伸也君。引っ越し後、順子さんの仕事は年々多忙になり、いつの間にか息子と顔を合わせてゆっくり話せるのは毎日ほんの数分になっていた。

でも、会社員を辞めてフリーランスになれば、母子の時間を増やすことができる。東京には信頼関係を築いたクライアントがたくさんいるため、彼らと直接仕事をする道すじはできていた。そして東京に引っ越せば、出口が見つからなかった埼玉での受験生活に一区切りつけるきっかけにもなるかもしれない――。

当然、母親が暴走するのではいけない。順子さんは、リスタートするにあたり、伸也君の意思をしつこく確認した。

「こんなに成績も落ちたし、無理に受験しなくてもいいいんじゃない？　受験、やめたら？」

落ち着いた声でそう話した。しかし伸也君には受験をあきらめる気持ちはなかった。

「どうして僕が頑張ろうとしているのに、お母さんはチャンスを奪うの！　僕にもう一度チャンスをちょうだい」

母が想像もしないほど息子は固い意志を持っていた。こうして母子の東京での新生活がスタートした。

劣等感の固まりと化してしまった息子。多くの子どもたちが1点を争って競い合う集団塾に入ったのでは、埼玉のときと同じように、気持ちの面で潰れるかもしれない。まずは、劣等感を払拭することが先決と考えた順子さんは、一人ひとりに合った指導をしてくれる個別指導塾を探した。見つけたのは首都圏を中心に教室を運営するトーマス（TOMAS）だった。順子さんは自宅近くの教室にさっそくコンタクトを取り、伸也君と出向いた。

「息子の状態を見た先生からは『もっと早くに転塾を考えるべきでしたよ』と、言われてしまいました。渦中のときは気がつかないものですね。セカンドオピニオン的にほかの塾の先生に見てもらうのは、必要なことかもしれません」

個別指導塾に通う目的はただ一つ、劣等感を払拭すること。それさえできれば、集団指導の塾に戻っても大丈夫だと考え、夏まで期間限定で通うことに決めた。4月から7月までの4カ月の塾代の見積もりは30万円。シングルマザーで、独立したばかりの順子さんには大きな出費だ。

「でも、一人親になったのは親の都合。離婚のときには将来、本人の夢をあきらめさせることがないようにと、調停で養育費をしっかりともらえるように努力しました」

小学6年生での転居に、転塾。中学受験の世界では「ありえない」と言われてしまいそうな決断だが、それは見事、成功した。個別指導塾で仲也君は自己肯定感をみるみる回復し、ぐんと明るくなった。そして、なんと偏差値を10ポイント上げたのだ。

当初の目的を達成したため、トーマスは4カ月で退塾し、自宅近くの早稲田アカデミーに移った。ほんの数カ月前まで深刻だった劣等感はほぼ見られなくなり、楽しそうに集団塾に数カ月通い、受験本番を迎えることになった。

盤石に見えた出願戦略

仲也君が第一志望に据えたのは、今も人気の広尾《ひろお》学園中学校。偏差値的には簡単に手が届かないチャレンジ校だが、見学に行った仲也君が授業の様子を気に入った。第二志望、つまり本命にしたのは男子校で同じくサイエンス系にも力を入れる高輪《たかなわ》中学校。滑り止めには、当時の模試では安全圏に入っていた三田国際学園中学校と日大系の中学を選んだ。三田国際は「ここならば受かる」と、塾の先生からも太鼓判を押されての出願だった。しかし、この出願で順子さん母子は中学受験の恐ろしさを知ることになる。三田国際がメディアなどに露出したのをきっかけに人気が爆発、応募者数が急上昇したのだ。

中学受験の人気校は、ふとしたことで入れ替わる。学校名が変わる、共学になる、制服が変わる……。火種は何とはいえないが、数年に一度、こうした変化をきっかけに、人気爆発となる学校が出現する。最近で言えば、男子校だった日本学園が良い例だ。共学化と、明治大学の付属校になることを発表すると、人気が一気に上がった。近年、大学の募集停止をよく見聞きするようになっているが、その波は中学、高等学校にも及んでいる。子どもの数が減っているのだから当たり前のことなのだが、第2次ベビーブーム期と同じ席数を維持するのは難しい。私立中学の多い東京では、少子化の影響で共学化や他校との合併が相次いでいる。

話を戻そう。伸也君の志望した三田国際は、戸板中学校・戸板女子高等学校という女子校が前身だ。2015年に共学化、名前を三田国際学園に改称すると人気が急上昇した学校だ。インターナショナルクラスの新設、ICT教育などで多くのメディアに取り上げられたこともあり、本科クラスだけで、応募者総数は1000人超えになったのだ。このため、一時期は30台、当時40台だった偏差値はこの年、一気に50台に急騰した。

伸也君の受験時、応募者総数はさらに増え、インターナショナルクラスも合わせるとまさかの3000人超えに。首都圏の共学校のうち、応募者総数では5本の指に入るまでに膨れ上がっていた。伸也君の通う塾からは20人が受験したが、受かったのはたったの1人だったという。

合格圏と塾から太鼓判を押されていた伸也君だったが、その1人とはなれなかった。その塾では「早稲田が第一志望のお子さんでも落ちた」という話も出ていた。

中学受験の世界では、1月～2月2日あたりの初期の日程で合格校を押さえ、安心感を得てから、チャレンジ校である第一志望の受験に乗り込むというのが黄金ルールとされる。ところが伸也君は、受験日程の序盤で〝押さえ〟のはずの学校に不合格となってしまったのだ。そのショックを引きずるように、そのほかの学校でも不合格が続き、気づけば、受験した学校にすべて落ちるという最悪の結果となっていた。

最後の結果を聞いたのは、2月4日の午後9時過ぎ。5日にチャレンジ校の広尾学園最後の入試を残していたが、もはや、記念受験にしかならないとあきらめた。

泣きじゃくる本人を横に、塾の先生に状況を報告すると、

「成功体験をさせてあげましょう」

と勧められ、まだネットで出願を受け付けている学校を教えてもらった。午後11時41分、ネットから願書を提出。翌朝、伸也君と一緒に受験会場に向かった。

2月5日に受験したのは、杉並区にある佼成《こうせい》学園中学校・高等学校だった。受験当日、

「わかっていたのは学校の名前くらいでした」

と順子さん。とにかく、合格体験をという一心で学校に向かうと、そこには、

「よく来てくれたなー!」

と手を広げて一人ひとりにあいさつをする男性が待っていた。

同校の校長だった。

「息子も私もこれだけで涙が出ました」

その後、伸也君は試験会場へ。保護者の控え室では、まさかの学校説明会が始まった。出願校に「全落ち」して初めてこの学校を知って来る親子も多い。それを学校側もわかっているのだろう。最終日の控え室の雰囲気は独特だ。ここにいるのは、どこからもまだ合格をもらえていないという家庭がほとんどだ。保護者控え室は、どうか、お願い! 今度

こそは！　と、祈る気持ちであふれている。

そんな中、学校紹介の映像と共に流れてきたのは、Mr.Childrenの「GIFT」だった。

白と黒のその間に　無限の色が広がってる
君に似合う色探して　やさしい名前をつけたなら
ほら一番きれいな色　今君に贈るよ

会場の至るところからすすり泣きが聞こえた。

伸也君の試験結果は合格。

入学説明会での説明と、温かく迎えてくれた学校に感激し、入学を決意した。

「塾で勧められるのは、ほとんどが偏差値50以上の学校でした」

順子さんは、選択肢を狭めた中から学校を選んでいたことを反省した。

「偏差値的には名前が挙がらないけど、いい学校はいっぱいある。この受験でそのことを知りました」

当初受験を予定していた学校には受からなかった中村家だが、親子とも、受験にチャレンジしたことに後悔はない。

「今、息子は〝受験部〟という部活に入っていたのだと思えます。部活なら、一生懸命に頑張って、都大会出場ができなかったとしても〝よく頑張った〟と頑張りを素直に褒めてあげると思う。受験も一緒で、全力で勉強に向き合った3年間です。望む結果は残せなかったけれど、あの頑張りは無駄ではないとたたえてあげたい。何より今の息子の楽しそうな様子を見て、つらかったけれど、やってみてよかったと思っているんです」

この母子の事例からわかるように、中学受験は多くの家庭にとって決してたやすいものではないだろう。それがわかっていて、なお挑んだ親子の一つの着地点として、またそれまでの軌跡に、学ぶことは多いのではないだろうか。

あの取材からしばらくたった2024年、母親に連絡をしてみると、伸也君はすでに大学生になっていた。そして、母親も中高6年間の学校生活に満足していると言う。一番の理由は、本人が好きなことを見つけて自分で道を切り開いたことだ。本人の希望で入学したものの、入学後は滑り止めに入ったという気持ちが拭えなかったのか、周りを少し下に見るようなところもあった。しかし、こうした様子もしばらくするとなくなった。この中学校ではテストで順位が出る。自分は上位だろうと思っていたら、意外にも自分の順位はそれほど高くなかったため、「なんだ、みんな同じくらいの力があるんだ」と認識するようになった。

中高一貫校に入ったことで、親の気持ちも変化していった。初めは本人の成績が気になり、面談で勉強のことばかり相談していた。担任は、この学校に入る子は比較的ゆっくりタイプの子が多いこと、男子は土台さえできていれば、1、2年で学力はすぐに伸び、やる気になるのはだいたい高校2年生あたりからだと教えてくれた。最低限の勉強は必要なものの、中学時代は友達を大切にすることなど、心の成長の部分を大事にしたいと説明を受けた。

「勉強についてはまだあまりご家庭で言わなくても大丈夫、本人をそのまま受け止めてあげてくれたらそれでいいですと言っていただけたことで、こちらも気持ちがすごく楽になりました」

それからは、成績が落ちてもおおらかな気持ちで見ていられるようになった。そのうちに、伸也君はファッションに興味をもつようになり、おしゃれな店が集まることで有名な裏原エリアへ足繁く通うように。好きなブランドが見つかると、自らそのブランドのコンセプトやデザイナーのルーツを調べるようになっていた。そして、進路選択にもこの「好き」が繋がっていった。現在は美術大学に進学し、テキスタイルなどを学んでいる。

母親は言う。

「今だから言えることかもしれないですが、勉強ができることがそんなにいいことかなという考えにもなりました。それよりも、何か熱中できるものを見つけられることのほうが本人の幸せに繋がるんじゃないかなと思うようになりました」

学力が必要ないとは言わない。だが、子どもは熱中できるものを見つければ、それに向かって自ら学ぶようになっていく。自走する力をつけた子どもは自ら将来の道を切り開いていく強さを手にする。親がすべきなのは本人が自分の道を見つけるための地図を見せることであり、いつまでもわが子の手を引き、道を一緒に進むことではない。自走できる力をつけるよう見守ることが一番大事なのではないだろうか。「全落ち」を経験した伸也君は、中高の6年間でしっかりと自走する力をつけていた。

まさか受かるとは思わなかった

エピソード2　偏差値38から憧れ校を目指した少年

3人に1人。これは、首都圏の中学受験で第一志望に合格する子どもの割合としてよく使われる数字だ。受験を控える家庭を見ていると、ギリギリまで志望校選びに悩むケースも多い。本人が志望する学校が、もしも成績が到底及ばないチャレンジングな学校だったら、あなたならどうするだろうか。しかし、子どもの成績はいつ伸びるかわからない。中学受験では、時に親の想像を大きく超えてくることもある。

都内で暮らす当時中学1年生の村田翔馬君（仮名）は、中学受験で立教大学の付属校に合格した。憧れの学校の制服に身を包む姿は誇らしげだ。

実は翔馬君、小学6年生の5月に転塾を経験、このときの偏差値は38だった。しかし、最終的に彼が勝ち取ったのは、それをはるかに超える偏差値帯の学校だ。

「まさか受かるとは思わなかった」

と父親も驚く中学受験の道のりは、どのようなものだったのか。

中学受験を目指す家庭の増加の要因の一つに都立中高一貫校の存在がある。公立のため、私立のような高額な学費はかからず、私立中高一貫校並みの教育が受けられるというのが魅力だ。今回インタビューをさせてもらった村田家も、〝公立狙い〟で受験を目指した家庭だった。

通学圏内に有名な都立中高一貫校があるため、なんとなく「受けてみようか」と中学受験塾への入塾を考え始めた。

「4年生まで水泳などの習い事をしていたのですが、そろそろ勉強系を始めさせたいよねという話が夫婦の間で出たのもきっかけでした」

そう話すのは、父親の慎吾さん（仮名）だ。千葉県出身の慎吾さんは自身も中学受験の経験があった。

第一、第二志望校は不合格、第三志望に受かったが、高校受験をすることを選び、地元公立中に進んだという慎吾さん。「中学での成績は比較的よく、あれは中学受験を経験していたからではないかと。だから、息子もチャレンジさせてみるのもいいかもしれないと思ったんです」

塾探しを担当したのは母親の温子さん（仮名）だった。村田家は夫婦共にフルタイム勤務のため、塾選びにはそのことも考慮したようだ。

初めに門を叩いたのは早稲田アカデミーだったが、お弁当がいることがひっかかり断念。次に、中堅塾として校舎を増やしている臨海セミナーを訪れたが、近くの校舎の場合、今からでは「高校受験の準備クラスにしか入れない」と言われてしまった。

候補として残ったのが都立中高一貫校受検に強いと評判のある塾、エナ（ena）だった。5年生の4月に入塾、私立入試の場合、小3の2月入塾というのを標準とする塾が多いのだが、都立中高一貫校を目指すコースでは、5年生クラス（4年生2月開始）から始まるところも多くある。

やや遅れての入塾だったが、同じ小学校の子もいたためか、塾にはすぐになじめたようだ。

都立中高一貫校の入試は私立の受験とは異なり、表記も「受検」と書く。問題形式も随分と違う。試験は国語、算数、理科、社会といった教科ごとに分かれておらず、適性検査と呼ばれるテストが行われる。

東京都の場合は長文を読んで問題に答える検査と、グラフや表などから情報を読み取り、問いに答えていくような検査の2種類がある。いずれも、いくつもの教科の知識と思考力を総動員して解くような問題が組まれている。また、ほとんどの学校で作文が課されるのも特徴だ。どの検査の勉強も、大人になってからの生きる力に繋がるものだと父親の慎吾さんは感じたという。

「作文は大学で論文を書くのに役立つでしょうし、これからの世の中、総合的な思考力も生きるうえで必要になるはずです」

だが、入塾当初の成績は、以前から塾に在籍する子には及ばず、まったく振るわなかった。同じ学校と塾に通う成績トップの同級生に、

「お前には、いつか追いつくからな！」

と、威勢よく話しかけていた翔馬君だが、鼻で笑われる始末。しかし、コツコツと勉強を続けていくうちに成果が見え始める。５年生の冬になると、都立中高一貫校入試を目指す子どもが受ける模試で偏差値56とまずまずの成績を残せるようになっていたのだ。気がつけば、通っている塾の校舎での順位も10番以内に入っていた。志望校に据えていた都立中高一貫校の偏差値は58（四谷大塚）。「このまま頑張れば、受かるのでは？」。親子共に期待が膨らんだ。

５年生の冬、一つ上の先輩たちの受験シーズンがやってきた。「来年は、自分があの場所に立っている」。偏差値の上がった翔馬君は、明るい希望に包まれたまま、上級生の様

子を見守っていた。そんな中、親の耳に入ってきたのは厳しい現実だった。

「塾の先生から『今年は合格者が少なかった』と聞きました」（慎吾さん）。同じ校舎からは30人ほどが受検したが、合格したのはたったの3人だと聞かされた。受検すると言っていたママ友の子も、蓋を開けてみれば地元の公立中に入学していた。慎吾さんは、かつて自分も経験したこととはいえ、突然、過酷な現実が息子の目の前に現れたような気がした。

2年間、必死に勉強した結果を不合格で終わらせてしまってよいのだろうか……。上級生の結果を受け、村田夫妻の間では、志望校についての話が頻繁に出るようになった。

「落ちたら地元の中学に入り、高校受験を目指せばいいじゃないか」という、都立中受検を決めた当初の気持ちが揺らぎ始めた。

「いろんな学校を受けられる私立と違って、都立は1回しかチャンスがありません。本当に都立1校に絞っていいのかと、悩み始めたんです」（慎吾さん）

月謝はもちろん、合宿や特別講習など、かけるお金もばかにならない。これだけやって、併願ができないのは悔しくないか……そんな思いもよぎるようになっていた。

「もし、インフルエンザにでもなったら、即アウトです。学区的にもそんなに中学受験をする子どもが多い地域ではないため、落ちたときには〝あの子は落ちて地元中に入った〟

と周りにわかってしまう。そこも本人にどう影響するか、気がかりでした」

悩んでいたのはチャレンジできる回数の問題だけではない。翔馬君は提出物などの忘れ物が多く、それほど優等生タイプでもない。当然、学校の通知表も優等生とまではいかない。共働き家庭であっても、忘れ物がないように、目を配ってフォローできる親もいるが、夫婦共にフルタイム勤務でそれをこなすのはなかなか難しい。だが、都立中高一貫校入試には内申点が不可欠だ。都立一本勝負の中学受験が翔馬君本人にとって、本当によい道なのか、夫婦の悩みは尽きなかった。

最近は、都立中高一貫校志望者の滑り止め校としての役割を担おうとする私立もある。これらの多くの学校では、適性検査型入試を導入している。偏差値だけを見れば、中堅から下という学校が多いため、〝肩慣らし〟のために受けるという人が多いのが実情だ。とはいえ、都立に落ちて、こちらに入学する子もいる。ある学校の関係者は「適性検査型入試でうちに入った生徒をみると、入学後によい成績を取る子が多い」と漏らしていた。それだけ力がある生徒が多く、積極的に取りたいということだ。

村田夫妻のモヤモヤした気分はしばらくしても収まらなかった。温子さんがたまらず塾に話してみると、塾は引きとめてきたという。都立を第一志望にしたまま、近隣で併願できそうな私立中を受けることを勧めてきたのだ。

「ここなら、今の成績で間違いなく受かります」

塾の担当者はそう語りかけたが、夫妻は「そんな保証はどこにもない」と感じていた。そこで、他の意見も聞いてみようと、当初候補から外した早稲田アカデミーを訪れた。

突きつけられたのは厳しい現実だった。1年とはいえ、中学受験の準備はしてきた。近くの大学付属校はどうだろうと、希望を伝えると、応対した講師から「今からでは厳しいです」という言葉が返ってきたのだ。

この講師の話では、都立中高一貫校と私立の受験では、取り組む勉強が違うという。すでに6年生クラスともなれば「理科と社会が追いつかない」というのが担当者の意見だった。となるとますます、都立に落ちたときのことが不安になる。その気持ちを正直に、通塾中のエナの塾長に話すと、なんとこれまでの担当者とはまったく違う答えが返ってきた。

「翔馬君の場合、正直、私立の入試のほうが向いていると思います」

適性検査型入試では答えだけでなく、答えを求めるプロセスにも重きがおかれる問題がある。だが、私立入試の場合、答えだけを書かせる学校も多くある。翔馬君は授業でも、「どうやったら簡単にこの答えを導き出せるかを教えてほしい」

と聞くことが多いため、答えだけを書かせ、スピードを求められるような入試の学校のほうが向いているのではないかというのが、塾長の考えだった。

だが、今の塾では私立に向けての対策をすることは難しいと判断。6年生の5月、村田家は思い切って私立にも対応できる早稲田アカデミーへの転塾を決めた。

〝厳しい〟と聞いていた言葉のとおり、転塾後の成績は散々なものだった。転塾後の最初の模擬試験の結果はどの教科も目を疑う数字が並んだ。偏差値は38、成績順で決まるクラス分けではいちばん下のクラスとなった。

「こんなに厳しい道なのかと、正直驚きました」(慎吾さん)

しかし、本人は前向きだった。父親から「お前は私立の入試に向いている」と言われると、「自分でもそう思う」と、進んで志望校選びをするようになっていった。

覚悟していた〝塾弁〟も始まった。温子さんの両親が週に1度は手伝いに来てくれた。それまでも家の掃除を頼んでいたシルバー人材センターの人には、塾弁用にご飯を炊いてもらうことも追加で依頼した。おかずは朝お弁当箱に詰めて冷蔵庫で保存、午後6時半、帰宅した温子さんはシルバーさんがセットしてくれた炊きたてのご飯を弁当箱に詰め、ダッシュで塾に届ける毎日だった。

だが、どうしても間に合わずにコンビニで買った食事を届けたこともある。

「働いていると大変ですね」

同じ塾に通わせる専業主婦の母親が、ねぎらいのつもりでかけたであろう言葉も、かえって温子さんを憂鬱にさせた。「共働きだからって、侘《わび》しい思いはさせたくない」できるかぎり、手作りのお弁当を届けるように頑張った。厳しい夏の講習を乗り切ると、塾のクラスも上がり始めた。そんな中、翔馬君が志望校として提示してきたのが、今通う中学校だった。

翔馬君の偏差値はというと、正直まったく届いていなかった。親にしてみれば、無謀な挑戦とも思えたが、2年間勉強を頑張ってきたのは翔馬君だ。本人の希望を通し、この学校を含め、出願校を決めた。

目標が定まってからの翔馬君はそれまで以上に頑張った。学校から帰宅するとすぐに塾に向かい、受講のない日も夜10時近くまで自習室で勉強した。

しかし、親としては不安だった。本人が本命に据えた学校は偏差値50台後半。6年生の5月に偏差値38だったわが子の成績、この頃少し上がってきているとはいえ手は届きそうにない。

現実的に受かりそうな別の学校も視野に入れて、1月入試の大宮開成中学校を含め、6校に願書を出して、入試本番を迎えた。初日の大宮開成は無事合格、その後、親はここが本命校と思っていた明治大学の付属校も合格する。これで十分、両親はそう思っていたが、息子からは頼もしい言葉が返ってきた。

「俺、本気で第一志望に合格しようと思ってるから、ここでつまずくわけないじゃん」

両親は〝難しいだろうな〟と心の中では思っていた。悔し涙を見る覚悟をしつつ「そうだね」と頷《うなず》き、息子の背中を見守るしかなかった。

いよいよ第一志望校の受験当日がやってきた。会場から出てきた翔馬君の顔は、それほど明るいものではなかった。

「できたと思うけれど、今までの学校ほど、〝できた〟という自信がない……」

弱気な言葉を漏らすのは初めてだった。第一志望校は〝憧れ校〟だ。落ちても無理もない。落ちたときにどう声をかけようか、本人には悟られぬように、両親はそんなことを考えていた。そして、迎えた合格発表。そこにはなんと、翔馬君の番号が書かれていた。

「受かった！」

まだまだ小さいと思っていた息子の背中が大きく見えた瞬間だった。受験後、翔馬君の部屋から出てきたのは、冬期講習中、毎日頭に巻いていたハチマキだった。

「立教絶対合格するぞ！」

翔馬君の力強い文字を見た両親の頬に涙がつたった。

「こんなに強く思っていたなんて、ぜんぜん知りませんでした」

振り返って話す父親の慎吾さんの目は、涙でにじんでいた。自分の可能性を信じて勉強を続けた翔馬君と、無謀と思える挑戦にも、出すぎることなく後ろから支えた両親。第一志望校の合格は間違いなく、３人で勝ちとった合格だろう。

「こうやって親を乗り越えていくんですね」

努力が無駄にならないという経験はおそらく、翔馬君にとって、一生の宝となることだろう。

親の気持ちと子どもの本音

中学受験を目指す家庭の親たちは、子どもを苦しめてやろうと思って受験を選択しているわけではない。子どもにとって最善の道を考えて、中学受験を選ぶ家庭がほとんどだ。しかし、当の本人にその気がない場合、残念ながら子どもを苦しめてしまうことになる。だが、相手は小学生だ。高校受験や大学受験と違い、親がどこまで導き、どこからを本人に任せるのか、この線引きが難しい。

私はこれまで首都圏を中心に、中学受験を経験した50家庭以上の話を聞いてきた。直接私が取材したもののほか、私が立ち上げた親子のための中等教育研究所（一般社団法人Raise）でアンケートを採り、ヒアリングを行ったものもある。メールで情報を寄せてくれた家庭を合わせると延べ100件ほどにはなる。寄せられた情報を見ていると、中学受験を選択する家庭には、大きく分けると二つある。

一つは、親が中学受験をさせたいと思いスタートした「親先行型家庭」。もう一つが、本人が中学受験をしたいと言い始めてスタートする「子ども先行型家庭」だ。そして、このざっくりと分けた二つの中でもそれぞれに受験理由はいろいろだ。例えば、「親先行型家庭」の中で、私が最も多く出会っているのが以下のような不安型だ。

「高校受験は大変と聞くから、中学受験で済ませたい」

「小学校の成績が普通な感じ。中学で内申点を取っていくのが難しいかもしれない」

「学区がやんちゃな子が多くて心配」

しかし、不安から中学受験を選ぶ場合、親子ともにかなり苦しくなることがある。第一に、子ども本人への意識づけが難しいようだ。不安型で中学受験に突入したケースでは、多くの親御さんが子どもに対してこんなふうに声をかけている。

「高校受験は大変だよ。中学受験をしたら高校受験がないから楽だよ」

ところが、中学受験は入学することがゴールではない。そこから新たな勉強や学校生活が始まっていく。「あとが楽」と声をかけられてきた場合、子どもは中学受験がゴールではないことに入学してから気づき、「話が違うじゃないか」となってしまう。

入学後の生活をイメージせずに「楽だ」という一言でモチベーションを保ってきた家庭の中には、入学の時点ですでに子どもは燃え尽き症候群になっていたというところもあった。入学を受け入れた中学校側としてもこれは本意ではない。できれば、やる気をもって入学してほしいというのが教員たちの本音だ。「こんなはずじゃなかった……」という気持ちが子どもの中に強くなれば、心身に支障をきたしてしまうこともある。希望の学校に入学しても、これではとても学校生活どころではなくなってしまう。

また、子どもにこうした言葉をかける家庭もある。

「高校受験ではきっとあなたはムリだから」

親は子どもを思ってかけた言葉かもしれないが、子どもには親に「ムリだ」と言われたことがインプットされてしまう。こうした親から受けるマイナス感情を生む言葉を、児童心理の専門家は「親からの言葉のウイルス」と呼ぶ。

もしかすると、このまま地元の公立中学に進んでも、子どもは高校受験をちゃんとやり抜けたかもしれない。「あなたはムリだから」という言葉は、その子の未来の可能性を全部否定していることになる。親はそのつもりがなくとも、言われた子どもには「わたしはできない子なんだ」という思いが芽生えてしまうのだ。一度心に侵入してしまったウイルスをとり除くのは難しい。

最初は親の不安感から始めた中学受験だったとしても、子どもにはポジティブな言葉で導いていくことが大事になる。

「この中学、あなたにとっても合っていると思うけど、挑戦してみない？」

など、ぜひ前向きな言葉で受験へと導いてほしい。

二つ目の本人が受験を希望し足を踏み入れる「子ども先行型家庭」のケースでは、子どもの「中学受験したい」の中身を確認する必要がある。よくあるパターンは仲良しの友達が塾に通い始めたから私も入りたいと子どもが親に頼むものだ。

塾に行きだした子どもたちは塾での出来事を学校生活の中にも持ち込み始める。例えば、子どもが仲良しグループ3人組に所属していたとしよう。ある日、そのうちの2人が同じ塾に入った。すると、学校での会話の端々に塾の話題が入ってくるのだ。

「こないだの課題やった？」

「テスト解けた？」

「クラス上がったね。すごいじゃん！」

などの会話はこの塾に行っていない子はついていけない。高学年になるにつれて通塾回数も増えるため、同じ塾に通っている子同士は必然的に関わる時間が長くなる。すると、この塾に通っていない子はどう思うだろうか。疎外感を覚え、私も塾に入りたいと思うようになるのも当然だ。

だが、こうした場合、塾に通い始める目的、スタートラインを確認する必要があるだろう。塾とはどういうところなのか、中学受験をするというのはどういうことなのか、そこをしっかりと子どもと話し合わずに入塾すると、お互いに苦しいだけの受験生活になってしまう。子どもは塾でも友達と話せてハッピーだが、目的が友との交流のため、勉強にはそれほど身が入らない可能性もある。下手をすると、高い月謝を払って遊びに行かせているような状態になりかねない。勉強に身の入らない子どもを見ると、親はやるせなくなってくる。そして、最後にはこうなるのだ。

「あなたがやりたいと言ったから始めたのに！　なんでちゃんと勉強しないの？」

「自分でやりたいと言って入ったのだから、頑張りなさい！」

こうして親子はぎくしゃくしていく。

親のこうした言い分は確かにもっともらしく聞こえるのだが、子どもはそこまで真剣に考えて中学受験をスタートさせたわけではないため、お互いに苦しくなるのだ。

幼稚園の頃に「ケーキ屋さんになりたい」と言っていた子が本当にケーキ屋さんになるケースは稀だ。子どもの心変わりは当たり前と思って接しておかないと、知らない間に子どもを抑圧してしまう。

宿題をするのもおっくうになり、「もう塾やめる！」と子どもが言い出しても、

「あなたがやりたいと言ったんじゃない！」

と、ついつい責めてしまう。しかし公認心理師によると、いったん子どもの気持ちを受

容する必要があるという。でないと子どもはその後も本音を言わなくなるそうだ。

子どもは親の顔色をよく見ている。子どもは親が喜んでくれるのが嬉《うれ》しいし、親の期待に応えようとしてしまう。だから子どもに語りかけるときは声のトーンに気をつけることも大事になる。例えば、「やめてもいいんだよ」という言葉。文字で見るととても優しい言葉に見えるが、声のトーンや言い方によって、伝わり方は変わってしまう。甲高い声でヒステリックに言ったとしたら、子どもが受け取るメッセージは「絶対やめるなよ！」と言われているのと同じになる。この状態で「やめたい」とは言いにくい。

せっかく頑張ってきたのに、あきらめるのはもったいない、そう思う親心もあるだろう。だからといって、子どもの気持ちを置き去りにして無理やりに受験勉強をさせようとしても、気持ちも頭もついてこない。

勉強をたくさんするのがしんどくなったという場合もあるだろう。家庭教育にも詳しい教育家の石田勝紀氏は、勉強がいやになりやめたいと言い出した子どもへの対処法の一つとして、成果が出る勉強法を教えることを勧めている。勉強が苦手になってしまった子の場合、いくらやっても成果が出ない、点数が上がらないため、勉強に面白さを感じず、苦手の連鎖に陥ってしまう。だが、子どもは塾に通えば正しいやり方が身につくということでもない。特に小学生が挑戦する中学受験の場合は、ある程度は家庭でも見てやる必要がある。

例えば、算数で単なる計算ミスが多い場合は、間違えた問題を何度も解き直させるよりも、なぜミスをしてしまうのかを一緒に考え、間違える原因を的確にアドバイスするようにするほうが大事だと話している。間違えてしまう原因がわかればミスは減り、点数は自然と上がっていく。点数が取れるようになると勉強も面白くなるというわけだ。「やめたい」と言っていた子どもでも、「続けてみる」と言ってくれる可能性はある。

こうした取り組みを試みてもなお「やめたい」と言う場合は、子どもの気持ちを優先することも考えてほしい。これまで積み重ねてきた勉強はすべて無駄になるわけではない。私が取材した中にも高校受験でリベンジを果たす子どもがいた。ここでその一人、リベンジ受験で慶應義塾大学の付属の高校に合格した少年の話をご紹介しよう。

エピソード3　中学受験をやめ高校受験で慶應付属に合格した少年

彼との出会いはある年の年末だった。正月を控えた街は慌ただしさを増していた。中学受験家族にとって正月からの1カ月ほど長く感じるものはない。

ふとそんなことを思いながら、私鉄沿線の駅へと向かった。首都圏に住む当時高校3年生だった青木拓真君（仮名）との待ち合わせ場所だ。

拓真君と会うことになったきっかけは、東洋経済オンラインの連載「中学受験のリアル」宛てに届いたメールだった。メールにはこう書いてあった。

「自分は中学受験をしたうえで、公立に行くという選択をしました。中学受験の最中、あるいは、これから受験しようか迷っている方たちに、もう一つの選択肢として自分のような体験があることを知っていただければ」

いったい、拓真君のこれまでの歩みはどのようなものだったのか。

待ち合わせ場所の駅で落ち合ったわれわれは近くのカフェに移動した。取材を始めて数分後、彼の口から出てきたのはこんな言葉だった。

「高校受験のほうがコスパがいいです」

一度中学受験を志すと、どこかしらの中学校に絶対に入らなければという思いに親も子どもも駆られがちだ。中学校は義務教育であり、無理に受験をする必要はない。にもかかわらず、追いつめられていく親子は少なくない。ところが、拓真君はそうではなかった。

「僕の子どもの頃の夢は、東大に入ることでした。僕が通学可能な地域で、東大に多くの合格者を出す学校は男子御三家と海城くらいです。だから、子ども心に、それ以外は受ける必要がないなと思っていました」

終始、気さくで感じのいい拓真君だが、勉強についてはもともと自信があるタイプだったのだろうか。無鉄砲とも、大人びた判断をする子ともいえるが、潔く言い放つ拓真君は事実、チャレンジ校のみを受験。不合格となり、公立中への進学を選んだ。

彼の場合、受験をしたいと言い出したのは本人だった。理由は前述の通りだ。地元の公立中学に不安や不満があったわけでもないため、落ちれば「地元の中学へ」というのは彼にとって自然な選択だったという。

そこで、実際に公立中に通ってみた結果、どうだったのか詳しく聞いてみることにした。

「公立から高校受験でもぜんぜん悪くなかったです。むしろそのほうが得だったなと感じるほどです。だって、頭のいい人たちは中学受験でごっそり抜けているわけですから。残ったメンバーの中で上を目指せばいいんです。高校受験だと内申点が必要といわれますけど、私立狙いの場合は、内申点はあまり関係ないですよ」

筆者はこれまで中学受験に関する取材をする中で、よく〝内申点問題〟を耳にしてきた。高校受験で上位校に入るには、とにかく内申点が重要というのは、半ば常識のように語られてきた。内申点は先生に気に入られているかどうかでも大きく左右されるため、私情が絡まず試験の点数だけで合否が決まる中学受験で一貫校に入るほうが安全だと、多くの中学受験家族から聞いてきた。だが、拓真君は「内申点は問題ではない」と言う。

「自分は体育は2でしたけど、こうして受かっていますから」

学校にもよるのかもしれないが、これにより、〝内申点神話〟が絶対ではないことがわかる。

早稲田を目指せる！で始まった中学受験

彼が通う学校は、慶應義塾大学の付属校の一つで、素行と成績がよほどひどくなければ、そのまま慶應義塾大学へ進学できる。とはいえ、何の苦労も努力もなく、難関大の付属校にリベンジ合格したわけではない。彼も過酷な中学受験での成功を目指し、小学生時代に何年も通塾していた。

小学校入学後、野球少年だった拓真君は勉強といえば自宅で通信教育の「チャレンジ」をしていたくらい。そんなごく一般的な小学生だった拓真君だが、小学3年生の冬、大手塾の門をくぐる。Nの文字が大きく入った青いカバンで有名な、日能研だ。きっかけは自宅に届いたDMだった。本当に軽い気持ちでテストを受けた。数日後、塾から電話がかかってくる。

「入塾して頑張ってみませんか？　今のままなら早稲田に受かるレベルです」

塾からの電話は複数回にわたり、小学生の拓真君の心をも動かした。

「ここまで自分を評価してくれているのだから、やってみようかと思い始めました」

〝早稲田に受かる〟という言葉にいちばん喜んだのは父親の純一さん（仮名）だった。自身が早稲田大学出身というのもあったのだろうと、拓真君は振り返る。

家庭不和で落ち込む成績

最寄り駅から電車で数分の街にある校舎に入った拓真君。クラスは成績順になっており、

3クラス編成だった。そんな中、拓真君が入ったのは成績トップ層が机を並べるクラスだった。好きな野球もずっと続けていたが、その後も成績は落ちることなくこのクラスの席を守り続けた。5年生までの間、塾でのテストの偏差値はだいたい60台前半と順調な推移だ。ところが、6年生の夏頃、偏差値55あたりまで一気に落ち込む。原因は、家庭環境の変化だった。

「ゴールデンウィークくらいに親が離婚したんです。これを理由にしたら逃げというか、弱いので、そう言いたくはないのですが……」

ある日、中学入試をいちばん応援してくれていた父親が家を出て行った。母親が病院で専門職として働いていたため、経済的に塾や受験をやめるというような決断には至らず、拓真君はそのまま塾を続けた。だが、傍目《はため》には変わらなくても、繊細な小学生の心には大きな異変が起きていた。

「両親が離婚し、自分はこれからどうやって生きていったらいいんだ?と。アイデンティティを求めてというか、受験生で時間はないのに『アンネの日記』などを読みふけっていました。あと、ゲームにはまって。ゲームと本に浸《ひた》る毎日でした」

ゲーム漬けの毎日がよくないことは自分でも十分にわかっていたが、やめられない。でも、受験もやめたくない。思いどおりにならない日々から抜け出すための糸口として、受験という選択肢は手放したくないという気持ちもあったのかもしれない。ゲーム漬けの日々からなんとか脱却、再び受験勉強を始めていった。

目指したのは完全中高一貫の進学校、海城中学高等学校。近年は、毎年のように2桁の東大現役合格者を輩出する人気校だ。取材当時も約40人の東大現役合格者を出していた。男子の最難関、御三家といえば「開成」「麻布」「武蔵」だが、最近では「海城」を含め「駒場東邦」「巣鴨」が〝新御三家〟と呼ばれるほどに人気化。ある中学受験情報誌を見ると、海城の東大、早慶上智の現役合格率は開成と肩を並べていた。

それ以外に受けたのは、城北学園城北中学・高等学校。海城から数ポイント偏差値は下がるが、こちらも偏差値60超の人気校だった。中学受験について母親はそこまで細かく関与してこなかったと話す拓真君。自らこの2校だけを受けることを決めたと話す。

「やはり東大には本気で行きたかったから、選ぶ余地はありませんでした。ここがダメなら公立に行けばいいと、年明けぐらいに腹を決めました」

小学6年生でこれだけのことを自ら考えて決断する力には、正直ちょっと驚いてしまう。中学受験は「早熟な子」が向いているとも言われるが、拓真君もそういう子の一人であったのかもしれない。ただ、親の離婚やゲーム漬けの生活が響いたのか、結果は2校とも不合格。自分で決めた通り、中学は地元の公立へ通い、高校受験でリベンジすることにしたのだ。

中学入学後は受験の疲れが抜けずに「屍《しかばね》のようになっていた」と言う拓真君。だが、中1の終わり頃には気持ちを奮い起こし、高校受験に向けて再び通塾生活を開始した。

中学受験のときと同様に、彼が目指したのはやはり東大合格につながる学校だった。東大合格者数の多い御三家、新御三家の中で高校からの入学を受け入れているのは、巣鴨と開成のみだった。そこで、東大を目指す拓真君は迷わず東大合格者全国1位を誇る開成を第一志望に据えた。

偏差値30台急落からのリベンジ

数年にわたる小学校時代の通塾生活は、無駄ではなかったようだ。自宅近くの早稲田アカデミーに通い始めたものの、中学受験で先取りした部分があったおかげか、塾では上位クラスをキープ。野球やゲームも続けていた。同じ塾の友達や学校の友人も部活や遊びも楽しみながら通う生徒が多く、〝遊ぶ友達に困る〟ということもなかったという。

ただし、2年生になると中学受験の勉強で培った〝勉強貯金〟が尽きたのか、苦手な数学が偏差値30台まで下落。得意のはずの国語でも漢字のテストの点数がボロボロになってしまった。

塾からは「クラスを落とすぞ」と忠告を受けるまでになっていた。「さすがにまずいと思って」勉強を本格化、次第に猛勉強する日々に突入した。

開成という壁は思ったよりも高かった。3年生の10月、拓真君は東大への登竜門としてずっと意識してきた開成を諦める決断を下す。そこには、彼なりの合理的な判断があった。私立高校の受験の場合、必要なのは国語、数学、英語の3教科というところがほとんど。ただ、開成だけは理科と社会の試験も課せられていた。5教科を頑張り、開成のほかに、都立や国立を受験するという道もあったはずだが、拓真君はその戦略はとらなかった。

「都立の理社はそれほど難しくないので、やったら点数は取れたと思います。でも、都立に行くとなると、内申点がいるんです。日比谷高校などに受かってるやつは（内申点が合計）45とかあったと思う。でも僕は内申点がそれほどいいわけではなかった。それに、開成で出題される理科・社会は、群を抜いて難しいから、両方追うのは難しいと思ったんです」

高校受験は中学受験のようにチャレンジ校だけを受けるわけにはいかない。挑戦の道を選ぶか、安全な道を選ぶか、考え抜いた結果、拓真君が選んだのは後者だった。3教科で受験できる、慶應義塾の付属校に志望校を切り替えて対策を練ることにした。それは、東大という幼い頃からの夢に見切りをつけ、冷静に自分の実力から考えて選んだ現実路線だった。

この見極めと切り返しが結果的に奏功した。拓真君は見事、第一志望の学校から合格をもぎとったのだ。

そうして入った付属高校では3年間、学校生活をしっかり満喫したようだ。拓真君は晴れやかな表情を浮かべながら語る。

「大学にはそのまま上がれるので、その分、何か資格をとる勉強に回そうと思って。今は将来の夢があって、そこに必要な資格の勉強をしています」

まるで大学のキャンパスライフが下に伸びたかのような日々だ。

「自由な校風で、校則もほとんどありません。同級生の中にはすでに大学での起業を見据えて準備を始めている人もいて、とにかく面白いやつらがそろっている学校です。先生たちも僕らのことを信じてくれている。この学校に入学できて、本当によかったと思っています。僕は、この学校は日本でいちばんだと思っていますよ」

それほどまでに愛着をもてる学校に出合えたことは、彼にとって何よりの宝だろう。

中学受験がすべてではない

受験の日々を振り返り、彼は何を感じているのか。

「中学受験のときはいろいろあって、悩んだ時期がありましたけど、自分の人生についてとことん向き合って考えるいい機会になっていたと思います。あの時間は僕にとって必要だったんです」

そう語る拓真君は、中学受験がうまくいかなかった〝後輩たち〟にこんなメッセージを贈る。

「今回ダメだった人に言いたいのは、中学受験がすべてじゃないということ。公立中でもやり直すことはできます。受験生活の中で、勉強しない天才というのも見てきました。でも、受験は結局、やるべきことを気合いで頑張るぞっていう世界。やるか、やらないかの違いはとても大きい。勉強しない天才よりは、勉強する凡才が勝つようにできていると思います」

拓真君のケースを「彼はもともと優秀だっただけ」と思う人もいるかもしれない。実際、両親の離婚というメンタルショックがなければ、もしかしたら中学受験で桜を咲かせてい　た可能性もある。だが、人生とは計算できないことの連続だ。彼はそのことを幼くして悟った。自分が勉強せずに合格できる「天才」ではないということも含めてだ。

そして、立ち上がるために必要なのは、自らの努力。努力したものだけが這《は》い上がることができる——。

中学受験の世界ではよく「成熟度が重要」というが、中学に入ると子どもは大きく成長していく。人によりその内容や程度は違うだろうが、かつて両親の離婚からゲームに没頭した拓真君は今、見違えるほどにたくましく成長した。

中学受験同様、高校受験についても親にはあまり詳しいことは相談せずに進めてきたという拓真君。それぞれの受験を通して、大人になる過程で大切なものを掴んでいったように見える。大人びたその口調から、彼の精神が受験によって強さを増したことを感じずにはいられない。

親の望みで始まった中学受験

中学受験の人気に拍車がかかる昨今だが、実は中途退学者も多くいる。統計データがないため割合を示すことが難しいが、その理由はさまざまだ。高校から海外留学をするという前向きなケースもあるが、学校が合わずにやめてしまう子や、いじめによる自主退学など、ネガティブなやめ方をするケースもある。私の出会った中退者たちは、それぞれに人生を切り開いているが、共通するのは自らの意思ではなく始まってしまった中学受験ということだ。彼らの声は親たちが傾聴するに値する。

エピソード4　最後まで「人ごと」で終わってしまった中学受験

大手企業から内定をもらった千葉県在住の田代賢雄さん（仮名・当時大学4年生）。大学の門の前で待っていてくれた彼は私を見つけると、

「わざわざ雨の中いらしていただきありがとうございます」

と丁寧な口調で出迎えてくれた。細身で柔和な印象の彼だが、大学に入るまでの数年間、悶絶《もんぜつ》するような苦しみの中にいた。きっかけは中学受験だった。

田代少年が中学受験を決めたのは母親の律子さん（仮名）の望みからだった。近くの公立小学校に通っていた田代少年は、学校の成績は優秀そのもの。テストではつねに100点を取り、勉強で困ったことはなかったという。

そんな賢さを伸ばそうとしたのだろうか、母親の律子さんは小学3年生の賢雄君に塾の見学を勧めた。

「賢雄、うちは中学受験をすることにしたから、そのための塾に入ろうか」

それが入塾のきっかけだった。

中学受験とはどういうことなのか……当時の賢雄君はよくわからないまま、母親の言うとおり、塾の見学に行くことにした。それもそのはず、賢雄君の住むエリアは中学受験をする子どものほうが少なかったため、周りの友達が中学受験を話題にすることもなかったのだ。

「母親から言われたのは〝中学受験をしておけば、みんながする高校受験はしなくてよくなるから楽だよ〟ということだけでした。自分にはとくに意思はなくて、親がそう言うのならばそうなのだろうなと、とくに疑問ももたずに入塾しました」

入ったのは栄光ゼミナール。いくつかの塾を見学し、家からの近さと授業時間の短さが気に入り、ここにした。はじめは週に2回ほど。学校の宿題と塾の宿題の両方をこなす生活も、それほど苦労することはなかった。だが、4年生になると状況は変わったという。塾の授業についていくのがつらくなり始めた。そうなると、塾の宿題もなかなか終わらない。おまけに、塾で前の席になった女の子からはやたらとちょっかいを出されるようになり、ますます授業に集中できなくなっていた。

母親には女の子のことは話さず、

「塾の授業についていけないから塾を替えたい」

とだけ伝えることに。律子さんは息子の意見を尊重し、すぐに新しい塾を見つけてくれた。塾の5年生クラスが始まるタイミングで個人経営の塾へと転塾、前の塾に比べて距離は遠くなった。電車で6駅、そこから徒歩で10分という道のりだが、すでに高学年に入った賢雄君にはそれほど苦にはならなかった。問題は成績だ。

「学校のテストはよくできていたのですが、それは井の中の蛙《かわず》というか……学内での成績がよくても、模試の偏差値は50にいくかいかないかというところでした。模試では結果が出せなかったんです」

好きでやっていたはずの勉強が、この頃からだんだんと嫌いになりだしていく。

賢雄君は、模試で結果が出なくても、学校では好成績をキープしていた。だからこそ、親は「この子の成績に見合う学校へ」と思っていたのかもしれない。首都圏には受験をして入る中学は山のように存在する。

律子さんの志望校選びを見ていても〝何がなんでも偏差値の高い学校に！〟というような教育虐待的な雰囲気はまったくと言っていいほど感じない。また、模試の成績が振るわなくとも、それほど強く叱ることもないようだった。

一方、賢雄君の気持ちはといえば、受験をすることを受け入れてはいるものの、まだどこか人ごとに近い感覚。母親と共に行った説明会でもとくにこれといった志望校はなく、流れに任せて偏差値的にも見合っていると塾長が勧める学校を第一志望校に据え、受験を進めることにした。

この中学には大学受験でいうところの〝専願者〟向けの入試があった。合格した場合、必ず入学することが条件だった。賢雄君はこの入試を利用して無事に合格。このとき、不思議なことが起こる。

「普通は合格発表まで合否はわからないと思うんですが、通っていた塾の塾長とそこの学校の先生がとても親しかったようで、合格発表の前に塾経由で合格を知らされたんです」

事前に合否を聞けるほどの強いパイプをもつということは、賢雄君が通っていた塾は、それだけ多くの児童をその中学に送り込んできたということだろう。塾の講師も人間だ。好きな学校があるのもわかる。講師によってはやたら同じ学校を勧める人もいる。それはその人の好みの問題。勧めることをやめろということはできない。だが、親は講師の言葉を鵜呑《うの》みにすると痛い目を見ることがある。本当にわが子にとっての最善校なのか、必ず親も確かめる必要があるだろう。その後の彼の話を聞くと、そう思わずにはいられない。

第一志望校合格でも中退

入学したのは自宅から1時間半はかかるという共学校。入り口の偏差値の割には出口の大学合格実績がいいことで有名な学校だ。成績を伸ばすための仕掛けは学校により違うのだが、いずれにしても、何もしなくて合格実績に結びつくことはない。この学校の場合は、強制的にたくさん勉強させることで生徒の成績を伸ばす方法をとっていた。

賢雄君が入学した当時は朝8時10分から夕方6時まで、1日8時間授業の日が週に3日はあったという。おまけに部活動も「全員参加」となっていた。

「部活は週に2日だけでしたが、授業時間内の2コマ分が当てられているため、必然的に全員参加になるんです。だから結局ほとんどの日が8時間授業です」

片道1時間半の通学に、これだけの授業、当然ながら宿題もある。

「高校受験がないから楽なのよ」

と言われて挑んだ中学受験だったのに、気がつけば地元の中学に上がった周りの友達よりもはるかに苦労をしているように思えてきた。

「みんなが遊んでいたときも、僕はずっと勉強をしてきたのに、なぜ自分だけこんなに勉強をしなくてはならないのか……」

言葉にできない気持ちだけが賢雄君の心の奥深く、まるで根雪のように蓄積された。入学から1カ月が過ぎた頃のこと、風邪をひき学校を休んでしまった賢雄君には、ここから坂道を転がるようにいろいろな事態が起こり始める。

入学した学校は出席率をとても大事にする学校だった。校長先生の話の後には必ずクラスごとの出席率が発表されていたという。賢雄君は自分のクラスの出席率が下がっていることがわかると、なぜか「自分のせいだ」と思いつめるように。

友達から気に入らないあだ名をつけられたのはその頃だった。「キノコ頭」。同級生が何気なく髪型を茶化してつけてきたこの呼び名が賢雄君はどうしても許せなかった。「やめてよ」と言っても呼び続ける級友に、思わず手が出てしまった。

その日を境に小さないじめが始まった。ロッカーにしまっておいた運動靴が外に放り出されたり、財布からお札が抜き取られることもあったという。学校に行きたくないという気持ちは強くなり、週に1日は学校を休むようになる。担任を含む関係生徒との話し合いの末、いじめの件は落ち着いたのだが、賢雄君の中に蓄積された〝根雪〟が解けることはなかった。

「なぜ、僕はこんなに頑張らなくてはいけないのか……」

満員電車に揺られて学校へ行き、8コマの授業をこなし、また1時間半かけて帰宅する。自宅に着く頃にはすでに夜8時前。ご飯を食べてお風呂に入り寝るだけのサイクル。気持ちとの因果関係はわからないが、追い討ちをかけるように今度は賢雄君の体が悲鳴を上げた。

過敏性腸症候群。便がゆるくなりやすくなり、1時間半の通学がつらい状態になったのだ。

「せっかく入った学校なのだから」と、母親の律子さんは懸命にフォローした。とにかく、学校に着けば何とかなる。電車での通学が難しいのならば、車で送っていってやろう。そうすれば、車の中で休んでいることができる。毎日片道2時間の道のりを車で送迎、2年生の1学期はこうして何とかやり過ごした。

だが、賢雄君の心と体調が整うことはなく、2年生の2学期からは公立に転校、賢雄君の中の〝根雪〟はそこからまた冷たさを増していき、登校2、3日で不登校となってしまった。

ある公立中学の教員に話を聞いたことがある。

「私立崩れが実は一番大変なんです」

中学の段階で私立中学から転校する生徒の場合、何かしらの困難を抱えてやってくることが多いからだ。賢雄君の場合もまさにそうだった。

「今までの時間は何だったんだ。何のために塾に通い、人よりも勉強してきたんだ……」

賢雄君の頭の中にぐるぐると現れるのは「何のために……」という思い。地元の中学に転校するも、学校にはなかなか行けず、引きこもりとなった賢雄君は昼夜が逆転。はじめは家族のいる時間にリビングに下りることもあったのだが、そのうちにほとんど顔を合わせなくなった。

そんな中、2歳違いの妹も中学受験をすることに。これが賢雄君の反抗期だったのか、自分でも驚くほどの憤りの気持ちが湧き起こったのだという。

「妹にも僕みたいな思いをさせるのか！」

怒りを両親にぶちまける日々。だが、妹本人は、

「私、ここの学校に行きたい」

と志望校を早々に決め、受験を難なくクリアして、希望する学校に通い出した。

「なんだ、僕だけか、こんな気持ちになるのはと、だんだんと自分が情けなくなって、さらに引きこもってしまったんです」

夜な夜な冷蔵庫の中身を全部リビングにぶちまけるなど、賢雄君は今の彼からは想像もできないような傍若無人な態度をとっていた。

「周り全部が嫉妬の対象でした。小学生のとき、周りの子と同じように普通に地元の中学に上がらせてくれていたら、こんなことにはならなかったんだとか、中学受験したばっかりにという気持ちが残ってしまったんです」

だが、そんな引きこもり生活から脱却できたのはとことん自分の気持ちと向き合ったことで聞こえるようになった賢雄君自身の内側からの声だった。

「中3の4月だったかな。修学旅行で京都に行くことになっていて、なんかここを目標に

しようと思ったんです。実は私立中学に通っていた頃に中2の夏休みに修学旅行があったのですが、不登校になってしまって行けなかったんです。そのときも行き先は今回と同じ京都。なんか、そのときの〝京都〟を取り戻したいって思ったんですよ。理由はわからないんですが」

1年近く引きこもっていた賢雄君は目標がもてたことをきっかけに保健室登校を始め、徐々に外に出られるまでに回復した。教室には入れなかったものの、独学で高校受験の準備を進め、偏差値40ちょっとの県内の高校へ進学、高校にはなんとか通い、1浪を経て都内の人気大学に進学した。

「同じように中学受験をした妹はきちんと学校にも通えていました。僕の場合はおそらく、自分で選んだという気持ちがなかったことが原因だったのかもしれません。自分で責任を負う気持ちがどうしても生まれませんでしたから」

そんな賢雄君にこれから中学受験に挑もうとする親子に伝えたいことを聞いてみた。

「母親が2時間もかけて車で送迎してくれたことは本当に頭が下がるのですが、僕の場合は中学受験をすると決めたのも親だったし、学校を決めたのも親でした。僕には意見がなかった。きちんと自分の意思を持って入学できていたのなら、違った歩みになったのではと。子どもが意見を言わないのは同意ではなくて、自分のようにただわからないだけということもあります。これから中学受験をしようとされている親子さんたちに伝えることがあるとすれば、意思を持って受験に挑んでほしいということでしょうか」

雪解けを迎えた賢雄君は、自ら選んだ大学に進み、自ら選んだ会社の採用試験を受け、内定を勝ち取り、立派な大人へと成長していた。

エピソード5　一族みんな慶應という家に生まれてしまった少女

「大人になってからの人脈の広がりもありますから、入学できた人にとっては幸福なのだと思いますが、私はそこには行けなかった側なので……」

そう話してくれたのは、両親、兄、父方の祖父、いとこまで、そろいもそろって全員が慶應義塾幼稚舎（小学校）から慶應義塾大学への持ち上がりだという島崎明子さん（仮名・当時30代）。一族みんな慶應出身の彼女には、そもそも受験以外の選択肢は用意されていなかった。小学校受験で不合格となっても中学受験で志望校を選ぶ余地はなく、これが波乱の青春時代の幕開けとなる。

塾通いが始まったのはもちろん幼稚園の頃だった。２歳上の兄も幼稚舎を受験、なんなく合格して入学したため、明子さんの母親は、なんの疑問もなく明子さんを小学校受験のための「お教室」へと入れたのだ。

「兄とまったく同じ幼稚園と塾に通いました。幼稚園を選んだ基準はおそらく、小学校受験をする子が多い幼稚園だったからだと思います」

毎週連れて行かれるお教室では、自分の描いた絵を使い、物語を発表したり、工作をしたりといったお稽古が繰り広げられていた。活発に手を上げ、ハキハキと楽しそうに発言していく子どもがいる中、明子さんはというと、まったく面白さを感じなかった。

「人前で話すとか、そういうことがとにかく苦手なタイプでした。小学校受験には向いていなかったと思います」

早生まれの明子さんは小柄で、幼稚園ではいつも友達から赤ちゃん扱いを受け、おままごとで遊ぶときなども、役を率先して決めるようなリーダータイプではなかった。

「兄は私とは正反対の性格で、何でもキビキビとやっていける子でした。だから、私は幼稚舎に落ちて当然だったと思います」

卒業生の家族は合格しやすいなどという噂《うわさ》も聞くが、明子さんのケースをみるに、噂は噂でしかないなと思わされる。

「幼稚舎以外の学校なんてありえない」

そう考えていた両親が小学校受験の志望校に据えたのはもちろん幼稚舎だけだった。

「まさか落ちるとは思っていなかったのだと思います」

ところが結果は不合格。父方の家系では祖母を除いて一族で唯一、公立の小学校に進むことになった明子さん。親族が集まる席で慶應にまつわる話が出ないときはなかった。

〝私だけが幼稚舎出身ではない〟。いつからか、疎外感のようなものを抱くようになったという。そして、その後も両親の「慶應に」という思いは続いていった。「慶應」という世界で育ち、その教育の素晴らしさを感じていたからだろうが、それが明子さんにしてみれば、重荷でしかなかったのだ。

「次は中学受験で入ればいい」

という両親の考えで、再び通塾を始める。受験前に通っていたのは地元の子が多く通う塾だった。

「実は一度転塾をしました。塾については親から何か言われることはなかったんです。大手の塾に通っていたのですが、地元の塾のほうが学校の友達がたくさんいたので、私の希望で転塾しました。多分、慶應に入れるのならば親はどこの塾でもよかったんだと思います」

集団指導とは別に個別指導も受けていたが、成績は伸び悩み、とうとう最後まで慶應を受けられるレベルには達しなかった。

「6年生の時点で偏差値的に10くらい開きがありましたから、どう考えても無理だろうと。でも、親は慶應しか頭になくて、兄が通っていたこともありますが、文化祭などの見学は慶應しか連れて行ってくれませんでした」

受かるわけがない受験をなぜまたしなければならないのか、学校見学に連れて行かれても明子さんの心の中は複雑だった。自分の希望する学校がないままで迎えた出願校決定時期、明子さんは、

「慶應は受けない」

と自分の意思を口にするようになっていた。

「母は取り合いませんでしたね。塾の先生にも私に慶應を受けるように勧めてくれと頼んでいたようでした」

偏差値も気持ちも乗らないまま中学受験は始まった。今回は滑り止めの学校も用意された。

「滑り止めの学校を決めたのもすべて母だったと記憶しています。塾が勧めてくれた学校の中から選んだのだと思いますが、見学に行ったのは1校だけだった気がします。おそらく、滑り止めも慶應大学に入学する人数が多い学校を選んだのだと思います」

親はしきりに「慶應に」と言うけれど、いくら勉強してもそこには届かないやるせなさ。通塾や個人指導などお金をかけての教育は十分すぎるほど与えられたが、本人の気持ちはまったく乗らない。それよりも、むしろ親の期待に応えることができないという気持ちばかりが増していた。

「よく、〝家ではお父さんが一緒に問題を解いてくれました〟というような受験エピソードを見かけますけど、うちはそんなサポートはまったくなかったです。なにせ両親は幼稚舎出身で小学校のお受験以外の受験経験はありませんから」

モヤモヤした気持ちを引きずりながら慶應義塾中等部の入試当日を迎えた。

「私、受験しないから」

朝起きた明子さんは、なんと受験をエスケープ、ランドセルを背負いそのまま小学校に登校したのだった。

「名前を書くだけでもいいから受けに行って」

懇願する母親の声を背に、明子さんは、

「名前を書いただけで合格できるとでもいうの？　何のために行くのよ！」

と言い放ち、玄関から出て行った。

結局、合格をもらっていた滑り止めの学校に入学を決めた。

中学受験が終われば受験に追われずほっとできる——。

そう思った明子さんのそんな気持ちは、またしても打ち砕かれる。そこは人気の難関女子校で、慶應大学も十分に目指せるレベルの進学校だったのだ。エピソード４の賢雄君の学校同様に、この学校も勉強にはかなり厳しい学校だった。コツコツ勉強できる子にはとてもフィットする学校だ。だが、これで受験は終わりで小休止できると思って中学受験を終えた明子さんにとっては過酷な学校生活のスタートとなる。

中学2年で退学へ

「とにかく宿題が多かったんです。小テストも頻繁で、小テストで点数が悪いと居残りになり、その単元の学習をまたやるのですが、ずっと勉強ばかりしてきた私にとっては苦痛でしかありませんでした」

幼稚園の年長からずっと〝受験〟という文字を背負って生きてきたような明子さんには、学ぶ楽しさよりも苦しみのほうが勝《まさ》ってしまったのだ。

「自由になりたい」

明子さんの頭にはつねにこの言葉が出てくるようになっていた。中学2年もあと数カ月で終わるという頃、明子さんの足は学校には向かなくなっていた。

「当時の自分が何を考えていたのかわからないのですが、とにかくなんとなく、〝自由になりたい〟という気持ちがあったことだけは覚えています。制服を着て学校に行くふりをして、渋谷からひたすらバスに乗ってみたり、山手線に一日中乗ってみたりしていました。

部活はやりたかったので、部活の始まる時間に登校する生活を数日続けていたら、すぐにバレてしまい、親も呼び出しになりました。それからは、まるでダメで。登校して教室に入ろうとすると過呼吸みたいな症状が起こって。先生ももうこの生徒はうちの学校には向かないなと思ったと思います」

慶應の付属校に通う兄は、

「なんでそんなに反抗するの。意味ないよ」

と投げかけてきた。そんな兄に対しても当時の明子さんは反抗的だった。決まって、

「幼稚舎しか受験をしたことがないくせに、お兄ちゃんには私の気持ちなんかわかんない！」

と言い返していたという。

「一種の反抗期だったのでしょうかね……」

大人になり、そう振り返る明子さんだが、明子さんは反抗期で学校に足が向かなかったのだろうか。わがままで学校をサボっていたのだろうか。彼女が求めてやまなかった「自由」とは何だったのか。

子どもの成長の過程には二つの「じりつ」があると言われる。一つは、経済的、生活技術的、身体的な「じりつ」を指す「自立」であり、将来親に頼らずとも生きていけるようになることだ。そこまでが親の義務だという考え方に使われるのはこちらの「自立」だ。

そして、もう一つは、より内面的なことを指す「自律」。こちらは自分らしさや自分の価値観、信念をもって自分で決めたことに従うことができることを指すという。気になって三省堂の『新明解国語辞典』を引いてみると、「自分で決めた規則に従う（従い、わがま

まを抑える）こと」と書かれていた。はたして、明子さんに自分の意思をもつ自由があったのだろうか。

「慶應に入ること」を目標に決めたのも明子さんではなく親だった。中学受験の出願校を決めるときも彼女の意見は聞かれていない。自分の定めた目標ではなく、親が決めた目標に向かってただただ努力を求められた。親から与えられた目標は親の目標でしかないのだが、親の望みは何かを忖度《そんたく》したのか、彼女が塾通いを嫌がることはなかった。

彼女は「自律」するチャンスのないまま、多感な思春期を迎えたのだ。

結局、「慶應」というゴールに向かって敷かれた難関進学校というレールからはずれ、中学2年の3学期、地元の公立中学へと転校した。明子さんはその後、制服のない都立高校へ進学、大学の看護科へ進み、看護師となった。

「今でも家族の集まりのときは慶應の話が出ますけれど、もう自分を惨めに感じることもなくなりました。むしろ、あそこしか知らない親族の人たちよりも、私はたくさんの世界を見られてよかったなと。結婚相手も絶対に慶應の人はよそうと思うくらいでした」

結婚し、子どもも授かった明子さんは自身の子どもの小学校受験は考えていないという。

「私は合格しなかったので、もう、その重荷を背負わなくてもよくなりました。それに引き換え兄のところはかわいそうだなとさえ思います。〝幼稚舎受けるんでしょ？〟と盛んに聞くうちの親を見ると、お嫁さんは大変だろうなと。プレッシャーだろうなと思うんです」

〝慶應〟の2文字から、自らの力で抜け出した明子さん。解放され、自由を手に入れた明子さんは、自分らしい幸せを手にしていた。

エピソード6　いじめに走った少年

つい最近、医学部専門塾の塾長と話す機会を得た。自身も医学部出身だという塾長が開いたこの塾では、コロナ禍中に孤独な勉強になりがちだった塾生の助けになればと、塾生だけが匿名で相談できる相談室をネット上に開設した。すると、なんとその6割が、教育虐待ともとれる親からのプレッシャーに悩む声だったというのだ。「成績が落ちたら母に教科書を破られた」「ご飯を食べさせてもらえない」など、内容は驚くべきものだったという。

親が医師という家庭も多く、学校のテストはできて当たり前という接し方をされている子も多かった。しかし、そうした子は自己肯定感が低いことが多く、これが受験でもマイナスに働いてしまうことがあるため、自己肯定感を上げる講座も塾で行うことにしたと話してくれた。また、東京にあるためか、医学部を目指して塾にやってくる子のほとんどが、中学受験の経験者だという。

自分の意思でか、親からの押しつけか、いずれにせよ重すぎる期待を背負ってしまった子の中には、心の悲鳴が暴挙という形で表れてしまうことがある。一度も褒められたことなく育ってしまったある男性は、当時を振り返り、自分の罪を告白してくれた。受験して入学した中学をいじめで退学。彼の場合はいじめられた側ではなく、いじめた側だった。この記事が配信されたとき、寄せられた世間の声は、許されることではないというかなり厳しいものだった。しかしなぜ、彼はそのような暴挙に出てしまったのか。そこに、いじめをなくすための一つの手がかりがあるように思う。

20代の男性からの連絡はメールだった。親主導で中学受験に突き進んだものの、志望校には受からず、滑り止めの学校に入学したが、中学3年の11月に自主退学したと書かれていた。現在は、とある大手企業に勤務する男性。中学3年での退学とは、彼にいったい何が起こったのか。

友達と遊んだ記憶のない少年

待ち合わせの都内のホテルロビーに現れた男性は、さわやかな笑顔であいさつをしてくれた。現在は海外赴任中だという田中剛さん（仮名・当時20代）。一時帰国を利用して、この取材に応じてくれた。

九州の名家出身だった母の敏子さん（仮名）は、一人息子の教育に情熱を燃やしていた。

「あなたはおじいちゃまと同じ東大に入るのよ」

幼い頃からことあるごとに剛さんにそう話しかけていた。

「祖父は東大出身の元官僚でその後、政治家になりました。母は東大ではありませんでしたが、小学校から大学の付属校という人でした。僕を自分が歩んできたのと同じようにしたかったんだと思います」

まず挑まされたのが小学校のお受験。幼児教室にも通い、抽選（第一次選考）も無事に通過したものの、結果は不合格。その後は、すぐに中学受験に向けてのレールが敷かれ始めたという。

小学3年になると、母親の受験熱は徐々に上がり始めていく。日能研に入塾、これだけでは足らないと、栄光ゼミナールで国語を習い、算数は個別指導の教室へ。加えて家庭教師も雇い、万全の体制が整えられた。

「目指すは東大！」

と意気込む母親。もはやダブル通塾どころではない。やれることはすべてやってやろうという、母親の東大への憧れの強さに剛少年は歯向かうことなどできなかった。

「友達と遊んだ記憶がないんです。野球が好きで、小1で地域の野球チームに入ったのですが、小4で野球はやめさせられました。学校が終わると、とにかく毎日どこかの塾に行く生活で、勉強しかしていなかった」

これだけ勉強を重ねても、成績は親の期待までは届かずに伸び悩んだ。日能研ではつねに上から2番目のクラス。偏差値も50台から上がらない。一番上のクラスにいくことは一度もないまま受験の年を迎える。

出願校を決めたのは、ほぼ母親だ。目指すは東大、そこに向けての道のりを逆算し、東大に多くの入学者を輩出している学校に受かることが目標として立てられた。敏子さんのお眼鏡にかなったのは名門私立の武蔵高等学校中学校。見学に行き、第一志望とするよう

に と母親は剛さんに強く勧めた。

「見学に行ったのは武蔵だけだったと思います。第二志望、第三志望は偏差値表を見ながら〝どこにする？〟と話し合って決めた」

という言葉のとおり、ほかの学校は名前くらいしか知らなかった。

高知の土佐塾、城北学園、都内の難関私立大学付属と、男子校ばかりを受験したが、当時は出願校が男子校なのかどうかすら、頭に入っていなかったという。

「今考えると、母親が男子校に入れたかったのかな？」

剛さんは、男子校志望だったのか？　というこちらの質問を受けて、初めて気がついたようだった。遊びたい気持ちを抑えて勉強と向き合う日々。だが、幼い頃から「これが普通だった」という剛少年は、むしろ塾のない生活など考えられなかったという。

「家庭教師は塾のフォローのために雇われていたので、家庭教師と勉強してから塾に行くという曜日もありました」

これだけの努力をしたにもかかわらず、結果は第一志望の武蔵は不合格で、入学を希望していない土佐塾と、名前しか見ていなかった滑り止めの学校のみの合格となった。滑り止めとはいえ、合格した都内の私立はうらやむ人も多い名門校だった。しかし、東大にすんなり届く中高一貫校に入ることを目標に手を打ってきた母親は、この結果を少しも喜べなかったようだ。名門私立の合格を聞いても敏子さんから「おめでとう」の言葉はついぞ出てこなかった。

「しょせんそのレベル」

入学を決めても二言目にはこう漏らし、剛さんに高校受験でリベンジするようにとたたみかけてきた。

一方、剛さんのほうはというと、高校受験に挑む気持ちはさらさらなかった。入学した学校は普通に過ごせば大学まで上がれる。〝もうこのままでいい〟というのが剛さんの本音だった。だが、残念ながら母親の東大への憧れの火が消えることはなかった。

中学校に入るとすぐに高校入試のための通塾を強いられた。入ったのは本郷三丁目にある学習進度が速いことで有名な塾だった。母親が調べてきた情報によると、その塾は中1の段階で、中3までの数学と国語を終わらせるという。

入塾してみると確かに進度が速く、スパスパと単元が終わっていった。中2からはサピックスに入塾、週3日の通塾生活を続けていた。幼い頃から塾に通い慣れているとはいえ、入学直後からのリベンジ通塾は、まだ幼さの残る中1の少年にとってはストレスだった。

心の悲鳴はその後、意外な形で表れることになった。

「塾が嫌になってきて、夏期講習のときなんか、母親に内緒で塾には行かずに途中の電器店でテレビを見て時間を潰して帰ったこともありました。高校野球の中継とかを見てましたよ」

好きな野球もやめさせられて、ひたすら勉強を強いられてきた日々。だが、母親に「受験はしたくない」と伝えることなどできなかった。

「そんなことしたらすぐ手が出ます。言ったところで、聞いてもらえませんよ……」

やり場のない気持ちが爆発したのか、中2の後半、剛少年は思わぬ行動に出てしまう。握りしめた拳で同級生を殴るようになった。相手は特定の一人。数カ月にわたり、何も悪くないその子の腹をパンチしていた。アザは服に隠れて見えないため、いじめは中学3年になるまで周囲に気づかれなかった。

「本当に、なんであんなことをしたのか、彼には申し訳ないことをしました。本当に申し訳なかったなって思います」

悪いことは、いつかはバレる。標的となった少年が風呂に入ろうと服を脱いだとき、母親がお腹のアザに気づいた。母親は学校に連絡、剛君のこれまでの悪行が白日の下にさらされた。こうして中学3年の10月、剛君は自主退学となった。

日本では、いじめに遭った側へのフォローはあるが、いじめた側に対しての対応はまだ薄い。中には剛君のように、心の叫びから暴挙に出てしまう子もいることを、われわれ大人は知る必要があるだろう。いじめの撲滅を目指す時にも必要な視点だと思う。

残念なことに、息子がそんな暴挙に出ても敏子さんはというと、まったく動じる様子もなく、こう吐き捨てたという。

「こんな学校、中退できてよかったのよ」

母の精一杯の強がりだったのか、この件について、敏子さんはそれ以上のことは言わなかった。

中学3年の11月に地元の公立中学に転校するなど、〝ワケあり〟なことは誰の目にも明らかだった。

「これはさすがにまずいと思いました。高校受験してどこかに入らなければ、後がない」

そうして初めて、勉強に対するエンジンがかかった。まずは受験の戦略を練らなければならない。都立高校は調査書（内申書）が必要なため、もはや諦めるしかない。

「中3の2学期の途中ですし、退学してきてますから、内申点がつかないんです。ゼロです、ゼロ」

となると、望みがあるのは私立だが、私立もすべての学校がテスト一発勝負というわけでもない。こうして消去法でいくと、受験できるところはおのずと絞られてきた。中でも剛少年が目にとめたのは慶應の付属校だ。自由な校風が気に入っていた。

こうして気合が入り出した剛少年、それまでは受け身だった塾での姿勢も変わり始めた。サピックスに加えて通っていたのは早稲田アカデミーの開成必勝コース。それだけではない。個別指導のトーマスの門も叩いた。これらは、高校受験を望んでいた母親に通わされていた塾だったが、退学後の通塾は、本人の意思が加わった。

後がないと焦る剛さんに寄り添うように支えてくれたのは、トーマスで出会った講師だった。皮肉にも担当してくれた講師は東大生だったという。

「教え方がものすごくうまかった。理解しやすいように説明してくれました」

おかげで成績はやや上がり、偏差値は50台後半に。まだまだ志望校には届かない水準だったが、剛さんには自分は今、誰よりも勉強をしているという自信があった。受けてみなければわからない。とにかく勝負に出ようと決めた。

受験したのは開成、早大系の附属と、慶應系の高校だ。試験はかなり手応えがあった。

早大系の高校では、自己採点で国語は満点、ほかの教科もまずまずの成績、これなら受かる！　と思ったという。ところが、まさかの不合格。

「やっぱり、内申点が関係していたと思います。低いのではなく、ゼロなので……」

慶應の面接ではこんな質問が飛んできた。

「なぜ11月に学校を替わっているの？」

と面接官。剛君の口からはとっさの方便がついて出てきた。

「高校入試をするためにけじめをつけようと、いったん中退してやり直したかったので」

この答えがよかったのか、第一志望の慶應から合格をもらうことができた。

「このときも母親からはおめでとうとは言われなかったです。それどころか、入学しても〝東大どうすんの？〟って言われました。さすがにもういいだろうと、〝うるせーよ！〟と言ってやりましたよ」

高校では幼いときからやりたかった野球部に所属し、青春を謳歌した。息子を東大に入れるという母親の夢はあえなく散り、息子はそのまま慶應大学に進学、今は大手企業に勤務し、一児の父親となっている。

当時を振り返り、彼は何を思うのか。

「僕は中学受験では失敗しましたが、それでも勉強をやったという自負はあります。母親の気持ちに応えることはできませんでしたし、好きなことも我慢させられてきました。大きな問題も起こしてしまった。それでも今、母親には感謝していますよ。自分の子どもが中学受験をしたいと言い出したら、どうしたらいいか、あの経験を踏まえて、ちゃんと教えられると思いますしね」

話しぶりからは、親を反面教師にするという意志が見えた。母親がよかれと思って挑ませた中学受験。志望校に不合格になるという不本意な結果から、自主退学、高校受験という道のりは、10代前半の少年にとってたやすい道ではなかっただろう。

だが、この紆余《うよ》曲折がなければ「東大ありき」という母親との関係が変わることもなかったはずだ。母親からみれば「失敗」と言われる過去も、なんとか乗り越えて社会人として第一線で活躍する今、剛さんにとっては糧《かて》となっている。苦い思いを嚙み締めて、大人になった剛さんだからこそできる子育てを期待してやまない。

高圧的な指導者や親から子どもを守る

子どもたちに対する性犯罪の事件はニュースに大きく取り上げられるようになっている。記憶に新しいのはベビーシッターとして家庭に入り、子どもにわいせつな行いをしたとして男2人が逮捕された事件。もう一つは、塾の講師によるものだ。いくつかのメディアでは、その後も特集が組まれ、これまでに似たような被害に遭ったという家族の声を載せていた。次から次へと声を上げる被害者やその親の記事を見ると、事件化された二つのケースは氷山の一角に過ぎないという気になる。

そんな中、2024年3月、日本版DBSが閣議決定された。DBSとは、「Disclosure and Barring Service（ディスクロージャー・アンド・バーリング・サービス）」（前歴開示および前歴者就業制限機構）の略である。イギリスの制度を参考につくられたため、日本版DBSと呼ばれている。子どもに対する性犯罪を抑制するための制度で、イギリスでは子どもに関わる職種で雇用する際に性犯罪歴を照会することが義務化されている。また、イギリスの場合、こうした犯罪歴があるとわかった上で雇用することは犯罪となっている。日本版DBSでは、性暴力の犯罪歴チェックを保育園や学校に義務化した一方で、塾や学童保育、ベビーシッターについては義務化とまではならず、認定制度を設けることになった。事業所側が申請、基準をクリアした施設について、国が認定を出す。確認する犯罪歴は、刑法で罰せられる強制わいせつなどのほか、痴漢、盗撮といった条例違反も入る。

中学受験に関しては、認定制度に対する塾の動向が気になるところだ。朝日新聞が大手学習塾の運営会社50社にアンケート調査したところ、約6割の塾が参加の意向を示していた（2024年朝日新聞5月7日記事）。だが、塾は大手ばかりではない。個人経営の塾もあれば、フリーランスの家庭教師として働く人もいる。こういう場合はその先生が本当に信頼できるのかを親が見抜かなければならない。わいせつ行為に関するものだけでなく、高圧的な指導はないかなどもチェックする必要がある。

子どもの育ちを表現する言葉に、「成育」と「生育」という表現がある。いずれも読みは「せいいく」だが、成育は主に体の成長を指す言葉として使われている。生育は心理学やカウンセリングの場で使われる場合、どのような環境で育ったのかなど、身体的成長以外のこともふくまれる。公認心理師が行うカウンセリングでは必ず「生育歴」が聞かれる。子どもの頃に受けた大人からの高圧的な言動を引きずり、精神疾患に陥る人も少なくないという。つまり、小学生の時期をどのように過ごしたかは、その後の人生にも大きく関わる。長い時間を過ごすことになる塾の先生が信頼できる人かどうかは、かなり慎重に見なくてはならない。

もちろん、個人経営でも素晴らしい塾は存在する。だが、残念ながら、そうした塾ばかりではないのだ。大手塾なら、問題行動のあった講師を校舎の責任者または運営会社に伝えてクラスを変更してもらうなど、改善を求めることもできるだろうが、個人塾ではそうはいかない。「大丈夫なのか?」と疑問を感じたときには、転塾の判断をするしかない。

だが、中学受験の場合、その決断をするのは親にとっては難問だ。入試までの限られたスケジュールの中で考えなければいけないため、容易なことではない。ましてや、成績が上昇傾向にある場合、転塾を考えるのは躊躇《ちゅうちょ》してしまうだろう。そんな苦い経験を語ってくれた家庭がある。

エピソード7　髪の毛をかきむしるほど苦しくなった少年

「中学受験に向けた勉強の後半で、息子はどんどん追い込まれていきました。最後は頭にはげができました。でも、私は冷静に判断することができなかった。同じ過ちをほかの親子にはしてほしくない。だから、お話ししようと思いました」

話すには相当の勇気がいっただろう。当時のチラシや資料を手に、少しずつ重い口を開いてくれた。

首都圏在住だった田中智樹君（仮名）は、地方の中学に入学し寮に入った。寮生活のおかげだろうか、部屋の掃除に洗濯と、身の回りのことは随分と自分でできるようになってきた。月に数度の帰省のたびにたくましくなっていく息子を見て、母親の愛さん（仮名）は胸が熱くなるという。だが、初めから地方の学校を希望していたわけではない。結果的にそうなった田中家の例は、塾選びの大事な視点を私たちに教えてくれるケースとなった。

智樹君の中学受験は、受験経験のある愛さんの希望から始まった。幼少期から自宅近くにある大型ショッピングセンター内の幼児教室に通っていた智樹君。そこが終われば次は塾、というのは自然な流れだったという。智樹君は小学3年になると日能研に入塾した。

日能研は首都圏では名の知れた大手の中学受験塾だ。入塾にはテストがあり、入塾後はレベル分けテストの成績によりクラス分けがなされる仕組みになっている。そして、クラス内での座席も成績順だったという。

こうした塾では子ども同士は否が応でも成績の上がり下がりをお互いに知ることになる。負けず嫌いで競争心が強い子どもにとってはいい刺激になるが、成績の上下に敏感に反応し、落ち込んでしまうタイプの子には、少々過酷な環境となる。

中学受験のための塾の多くは、新4年生クラスを小学3年生の2月に開講する。本番である小学6年の2月の丸3年前から準備を始めるということだ。ところが智樹君の入塾は小学3年の初めと一足早い。智樹君の暮らす地域では、この時点で入塾させる家庭はそれほど多くなかった。競争相手の数が少ないため、初めは満足のいく成績を収めていた。

思うような成績を取れなくなったのは小学4年、理科と社会の勉強が始まった頃のことだという。

「ランランラン　一番うしろは崖っぷち　一番ま〜えはクラスアップ……」

同じ塾に通う子どもたちの間で、こんな歌が作られて口ずさまれるようになっていた。塾での友達、〝塾友《とも》〟との関係が良好だった智樹君も、周りの子と一緒に無邪気にこの歌を口ずさんでいた。

一番前の席がそのクラスにおける成績トップ集団。一番後ろの席は次のテストの出来が悪ければ、一つ下のクラスに落とされる。この歌はそのことを意味していた。子どもの言葉はときに残酷だ。

「塾の先生は〝やめなさい〟って注意していましたけれど、別に悲壮感はなくて、明るく

口ずさんでいました」（愛さん）

親子に芽生えた欲

成績が〝見える化〟されているこうした塾では、塾友は仲間でありライバルだ。その意識は通塾により自然に作り出されていく。

学習量が増えるのに伴い、成績が伸び悩んだという智樹君だが、それでも塾での模試の偏差値は50台後半から60台とまずまずをキープした。だが、この状況がかえって受験熱を高めることになったのかもしれない。

「まだ4年生でしたから、頑張ればもう少し上に上がれるのではと、本人も私も思ったのです」

また、愛さんによれば、本人の希望と環境的要因も大きかったという。自宅のあるエリアでは、受験して入る中学校は限られていた。首都圏の場合、中学受験をして入る学校への通学時間は最長でも1時間以内が理想と言われる。すぐ近くには受験して入る中学のない智樹君だが、通学1時間以内を目安にすると、いろいろと志望校候補が考えられた。

だが、体力がなく、どちらかといえば気弱なタイプの智樹君。

「あの満員電車に揺られて1時間もかけて通うのは僕にはできない……」

そんな気持ちがあったという。

体力的にも無理のない、比較的通学時間が短い学校——この条件に合うのは、当時の智樹君の偏差値では届かない学校だった。でも「あと少しで、手が届く」そんな状況だったのだ。

ある日、そんな田中家のポストに1枚のチラシが舞い込んだ。

——「○○中学合格率80パーセント！」「中学入試専門の家庭教師」「塾の成績が上がらない」「塾の宿題がやりきれない」「算数専門の家庭教師」——

チラシには目当ての学校の名前が大きく書かれていた。しかも掲げられていたのは80パーセントという高い合格率。受験において算数は要《かなめ》になる教科だ。智樹君の場合も、算数の成績が上がれば、間違いなく希望の学校の合格ラインに達する。そんな思いが親子の頭をかすめたのだ。金額は1時間あたり6000円。このチラシを見た息子は「やってみたい」と母親に言ってきた。

「僕、塾で上のクラスに上がりたい」

普段は競争心など見せない智樹君が、はっきりとそう伝えてきた。息子の言葉に押され、愛さんはこの家庭教師に連絡を入れた。

話を聞くと、首都圏の有名塾の講師として働いた後、個人経営のプロ家庭教師を始めたという。日能研の宿題のサポートをはじめ、塾の勉強の予習復習を含めて面倒を見てくれるという話だった。この話が田中親子にとってはとても心強く感じられた。田中家のように、集団塾＋個別指導のダブル受講をするケースはわりと耳にする。講義形式の塾の授業では理解できなくても、その時に聞き返すことができない。授業後には質問の列ができてしまい、講師に個別に聞けるのは1回に1問までなどのルールがある塾もある。理解ができなかったところは自宅で頑張るしかないが、親が寄り添いうまく教えられる家ばかりではない。塾の授業についていくために、個別指導を頼む家庭も出てくる。

田中家が連絡をとった家庭教師は続けてこうも話した。

「この状態ならば何も問題ありません。ご希望の学校も絶対に受かります！」

母親の愛さんはその言葉を信じて、お願いすることに決めたのだ。だが、違和感は「初回の授業からあった」という。

「コラ！　やる気あんのかぁ！」

講師の先生と二人きりになる息子の部屋からは、時折すごみの利いた声と共に何かを蹴るようなドンという鈍い音がした。

「受講説明の時にはそんな荒々しい様子は見られなかったですし、そのときはもう、〝この先生にお願いすれば必ず合格できるんだ〟という気持ちでいっぱいだったので、あの指導は息子が本気を見せないから、先生が活を入れてくれているのだと思っていました」

厳しく叱ってくれるのも自分を鍛えるためなのだ。智樹君自身もそう思っていた。

「先生、ちょっと、怖くない？」

愛さんが声をかけても、

「うぅん、ちょっと……」

と智樹君は言うだけだった。やめたいとは決して言わないため、そのまま指導をお願いした。だが、高圧的な指導はその後も毎回のように続く。

「また間違えてる！」

「ここはこうだ！」ドン。

「何回やったらわかるんだ！」

ノートを叩きつけるような音がすることもあり、その後も指導が穏やかになることはなかった。だが、息子も相変わらず、

「先生ともう少しやってみる」

と言うばかり。

「実際、この先生についてから、成績が上がりだしたんです。クラスも最上位クラスに手が届きそうになって……。結果がついてこなければ、私もすぐにやめさせていたと思うのですが、結果が出てきていましたから……」

しかし、成績とは裏腹に、ストレスは着実に智樹君に蓄積されていった。

家庭教師をお願いしてからも日能研へは通っていた智樹君。小学4年の夏休み前になると、塾では夏期講習の話が出始めていた。だがこの時期に、家庭教師からも誘いを受けることになる。

「自分が開く夏期講座に来ないか」

この夏にグンと成績を上げたいと思った田中親子にとっては大きな選択の時となった。

通っていた日能研は先生もフレンドリーで、親子共に好印象をもっていた。だが、自習室があるといっても自分で勉強を進めるだけ。宿題があっても丸をつけて返してくれるだけで、一人ひとりに〝ここがこう違うから間違えるんだ〟というような細かな指導は望めなかった。

「でも、この家庭教師は、ノートのとり方にいたるまで、とにかく細かい部分までチェックしてくださいました。自分で進めていく力がまだ弱い智樹には、手取り足取り教えてくれる家庭教師が開く講座のほうがいい気がしてしまったのです」

こうして、普段は日能研に通いつつも、夏期講習についてはこの家庭教師が開く講座に参加することを決めた。講座と呼ばれる教室では、異学年で机を並べて勉強していた。面倒見のいい6年生の女の子たちにもかわいがられていたという智樹君。日能研同様にここでの居心地も悪くない様子だった。

だが、高圧的な指導は集団指導でも続いていた。

通い始めて数日、智樹君の様子が変わった。夜な夜なうなされるようになっていく。

「う～」とうなされて起きる日々。

「怖い……」

息子の口からついにこの講師に対しての本音が漏れた瞬間だった。

だが、「やめる」とは言わない。怖い。だけれども成績は上がっている。親子共に受験という魔物に取り憑《つ》かれたかのごとく、成績が上がるということだけにしか頭が働かなくなっていた。

愛さんが語る当時の様子は、まるでスポーツ指導における指導者からのパワハラを思わせた。一連のパワハラ騒動の中で語られた「ストックホルム症候群」という言葉について、記憶に新しい人も多いだろう。

怖い。でも、このコーチについていけば必ず力がつく。全国大会に出られる。高圧的な言動におびえる気持ちがある一方で、それは、

「自分のための指導」

だと思い込んでしまう状態を生み出していく。そして、心的外傷後ストレス障害（PTSD）を引き起こす。

高圧的な指導を繰り返し受けていた智樹君はまさに、この状態に陥っていたのかもしれない。ジリジリと成績が上がる中、中学受験という茨《いばら》の道を切り抜けさせてくれるのは、「この先生しかいない」。いつしか、親も子も、冷静に判断する力を失っていた。

そして、夜中にうなされるようになっていたにもかかわらず、さらにこんな決断をしてしまう。

6年生の夏、3年生から通い続けた日能研をやめ、この家庭教師が開いている塾を主軸に、受験態勢を変更することを決めたのだ。決め手となったのは日能研のハードなスケジ

ユールだったと愛さんは振り返る。

「成績の関係で通う校舎も替わることになり、加えて日曜日の特訓も始まって、復習の時間が取れなくなりました。成績も下がり始めて、この状態で志望校を目指して走り続けるのは難しい気がしてしまって、それならば、理系は家庭教師の先生が開く寺子屋のようなところにお世話になり、ほかの教科は教科ごとに受講できる市進《いちしん》にと思ったんです」

「市進」とは、首都圏を中心に展開する市進学院のこと。日能研を含む多くの中学受験塾が算数と国語の2教科セットや4教科の授業をパッケージ化して売り出している中、市進では必要な教科だけを受講するという選択ができたのだ。

こうして迎えた勝負の夏、〝高圧的家庭教師〟が開く夏期講習では、怒濤《どとう》のスケジュールが組まれた。朝9時半から夜10時まで、ほぼ毎日を教室で過ごすスケジュール。7月21日から8月31日までの間、休みはたったの12日、塾代は35万円を超えていた。

でも、「絶対に合格できる！」。その言葉を信じていた親子にとってはもはやこの状態は高圧的とも、高額とも思えなくなっていた。だが、ストレスがピークに達したのか、その異変は起こり始めた。智樹君の頭に目に見えるはげが出現したのだ。

「髪の毛をいじるのが癖になったようで、自分で無意識に髪の毛を抜いていたんです。手でピッとこう、本当に無意識に」

はげた部分はどんどん広がり、傍目にもわかるようになっていた。鏡を目の前に置くなど、髪の毛を抜く癖をなくす対処法といわれることはいろいろと試した。だが、髪の毛を抜く癖が治ることはないままに入試本番へと突入した。

「明らかにストレスだったと思います」

当初から熱望していた志望校を第一志望に据えて挑んだ本番。幸運なことに、志望校は複数回の受験を実施する学校だったため、受けられる試験日はすべて出願。万が一の場合に備え、ここならば絶対に受かると言われていた、滑り止めの学校にも出願し、万全の態勢のはずだった。

だが、あれだけ「受かる」と言われていたにもかかわらず、智樹君は第一志望校に落ちた。それだけではない。滑り止めの学校にも落ち、全落ちしたのだ。3年間、必死の思いで取り組んできた受験は、惨敗という結果で幕を閉じた。

「何のためにあの指導に耐えてきたのか、徒労だったのではないか」と、母親は息子が耐えた日々を思うと心が痛んだと話す。

出願校、全落ち。まるで悪夢のレアケースのようだが、中学受験の経験者に取材をする中でわかってきたのは、一般に広く知られていないだけで、中学受験で全落ちを経験する家族は意外に多いということだ。

智樹君はその後、以前、母親の友人から勧められてパンフレットを入手していた、東京会場で入試を開催している地方の学校を受験。合格した。本人とも話し合い、その学校への入学を決めたという。自宅から通えない地方の学校に入り、寮生活になるなんて、夢にも思っていなかったという親子だが、あの苦しい3年間が無になるよりはと、入学・入寮を決断した。

「寮ですから、通学時間は必要ありませんし、初めは心配しましたけれど、今は何とかうまくやれているみたいです」

受験が終わった安堵からか、入学が決まると、髪の毛を抜く癖もなくなったという。

受験を終え、やっと冷静になったという愛さん。あの家庭教師のチラシにあった驚異的な合格率も、もともとそこに通う子の数が少ないために高めにはじき出されたものではと思うようになった。個人塾でも良い指導をする塾は当然存在するが、大手の塾と違い、外部から得られる情報は圧倒的に少ない。

「成績が上がっているからといって、暴力的な言動をしていたあの先生に子どもを預けるべきではなかったんです。室長や講師が数人在籍している塾ならば、担当講師に何か異常を感じれば、室長などに伝えて指導方法が間違っていないかと相談することもできますが、個人塾の場合、どこにも相談できる場所がありません。ただただ、その先生の指導に従うしかなかった。

あのまま日能研にお世話になっていれば、全落ちなんてことにはならなかったかもしれない、はげるほど追いつめられることもなかったかもしれないと、受験を終えた今でも思いは複雑です。

時々、『自分が働いているから十分に受験を見てやれない』と言う母親がいますけれど、私のような専業主婦でしっかりサポートできる状態であってもこれですから。何が正解かなんてわかりませんよね、本当に……」

迷う気持ちはよくわかる。智樹君は長男。一人目の子育てですべてが手探りの親にとって、受験のベテランである指導者の声は、よくも悪くも大きく働く。

日本では中学は義務教育であり、私立などを受験する道を選ぶのは個人の選択だ。だから、学校も教育委員会も頼ることはできない。つまり、保護者にとっては塾以外に頼る場所など存在しない。塾講師の発言が保護者や子どもの拠《よ》り所となるのは特別なことではないだろう。これが中学受験の現状だ。

だからこそ、親がいかに確かな情報を手に入れるか、子を託す指導者を見極める目を持てるかが極めて重要になる。だが、それは言うほどたやすくはない。「まさかうちが」ということが、中学受験という特殊な世界の中、さまざまな家庭で十分に起こりうる。田中家のケースは、そのことを私たちに教えてくれる。

田中家の場合、せめてもの救いは、今通っている学校に息子がなじんでくれたことだ。

「寮生活になるなんて思ってもいませんでした。けれど、おとなしいタイプの彼の自立を促すには、寮生活でよかったのかもしれないと、親子ともに今は思っています」

つらい経験を丁寧に、冷静に振り返りつつ、前を向き息子を見守る愛さん。一連の経験が、この母子にとっても将来への糧になることを願ってやまない。

エピソード8　母親による「親塾」の代償を引き受けた少女

塾からの高圧的な指導のほかにも、家庭での学習指導により苦しい思いをする子もいる。この章の冒頭で、子どもの頃に受けた仕打ちが大人になってもその人を苦しめることがあると書いたが、母親からの仕打ちが大人になっても消えずに残る場合がある。コロナ禍の外出自粛・行動制限がゆるやかになった２０２２年の冬、私はどうしても彼女の話を対面で聞きたくて、彼女のもとを訪れた。

「もう私から母に連絡をとることはないと思います。今は私の居場所も連絡先も伝えていません」

そう語る遠藤佳乃さん（仮名・当時40代前半）。きっかけは、かつて体験した壮絶な中学受験。それがしこりとなって残り、今や親子関係は断絶してしまった。中学受験から30年たっても癒えない傷。彼女に何が起きたのか。

東京から電車で90分、改札一つの小さな駅は降り立つ人も少ない。筆者を出迎えてくれたのは和服姿の女性だった。

「宮本さんですか？　初めまして遠藤です。遠いところまでありがとうございます」

目を細めてそう話す彼女からはマスク越しでも優しさがにじみ出る。彼女は、母親から幼少期に受けた仕打ちに今も苦しめられていると話す。

佳乃さんが育ったのは東京まで電車で1時間ほどの首都圏エリア。一家は規模の大きい団地に暮らしていた。地元には中学受験をする子はほぼいなかった。東京都出身の母親は高卒、北海道出身の父親は中卒で、それほど学歴志向でもなかった。2歳違いの兄も中学受験をする様子もないため、まさか自分が私立の中学受験をするなどとは思っていなかったという。ところが、佳乃さんが小学4年になると、母親は突然、中学受験のプレゼンを佳乃さんを相手に始めたのだ。

「あなたは見た目もデブだから、近くの中学に上がったらきっといじめられる。中学受験をすれば、高校受験もしなくて済むし、もしかしたら大学だってそのまま行けるかもしれない。受験を1回するだけで済むから楽なんだって。だから、中学受験やってみない？」

この母親の発言は佳乃さんにとって不思議でしかなかった。学校でいじめを受けたことはなく、友達ともそれなりにやっていた。学校の成績はいたって普通で、むしろ宿題の計算ドリルをやるのも苦痛。宿題を忘れて注意されることも多い。そんな自分がなぜ中学受験をするの？　と、まったく理解できなかった。

　ただ、遠藤家では母親に逆らうことは御法度だった。母親は自分の気に入らないことがあるとヒステリックになるタイプ。何がトリガーとなるのかは家族もまったくわからない。ただ、機嫌を損ねると大変なことになるという恐怖が佳乃さんには埋め込まれていた。

　手を出されることはもちろん、低学年の頃には3カ月間、家で無視され続けるといった仕打ちを受けたこともある。そして、佳乃さんの体型を気遣ってか、食べるものについてはかなり厳しい〝しつけ〟を受けていた。兄がおやつを食べていたので、自分もおやつを食べようと、個包装の飴を一つ口にしたところ、その行動が母親の逆鱗《げきりん》に触れた。

「そんなに飴が食べたいなら、全部食べてしまいなさい！」

　そう吐き捨てるなり個包装の飴をそのまま口いっぱいに詰め込まれた。

　日々のこうした厳しい〝しつけ〟から、佳乃さんはいつも母親の顔色をうかがう子どもになっていく。

「叱る声がひどかったのか、近所の人が通報したんだと思います。一度は自宅に役所の人が来たことがありました。おそらく、児童相談所の人だったのだと思います。でも、母が隣にいるところで『何か困っていることはない？』と聞かれても、言えるわけありませんよ。なんで自分だけ？　なんで、兄と同じようにかわいがってくれないの？　そういう気持ちでした」

佳乃さんの体型を親戚もいじるようになる。

「佳乃はホントにブスだね～」

「デブちゃん」

親戚は佳乃さんをかわいらしく思い、そう呼んでいた可能性もあるが、本人はとても嫌だった。しかし、佳乃さんは嫌な顔をすることもできずに、ただ笑って受け流していた。そのうちに、自宅でも母や兄から名前で呼ばれることが少なくなり「デブ」と呼ばれることが増えた。

そんな中、父親だけが佳乃さんをかわいがってくれたのだが、その父親も母の気分のムラに嫌気がさしたのか、家に帰らないことが増えていく。父親は逃げることができるが、佳乃さんは逃げようがない。「まるでサンドバッグ」。佳乃さんは、当時のことをそんな風に表現する。

勉強嫌いになった指導

兄はたいした努力をしなくても、勉強も運動もできる人だった。地元の中学校に上がっても成績は良好、高校受験では地元の公立トップ校を受けていた。結局そこには縁がなく、第二志望の私立に入り、中央大学に進んでいる。出来のいい兄に比べて、ふくよかで要領が悪い佳乃さんを母親は心配していたのかもしれない。しかし、佳乃さんにとってはその心配の仕方、愛情のかけ方が毒となった。

母親の中学受験プレゼンの数日後には母親自身が佳乃さんに勉強を教える日々が始まった。当初母親が娘の志望校として考えたのは、自分が卒業した母校だった。ちょうどその頃、母校に中等部ができることが話題となっていたからだ。中学受験は小学生が受けるもの、高校受験で受かっている自分が教えればなんとかなるだろうくらいに考えていたのだろうか。母親が買ってきたのは志望校の予想問題集だった。

「お母さんも一緒にやるから、頑張ろうね！」

母のやさしい声で佳乃さんの中学受験勉強がスタートした。中学受験に出る内容は学校で習うものとは少し異なる。そのため、中学受験に必要な基礎知識を学び、応用へと進んでいくのが通常のやり方だ。

しかし、母が購入したのは大学受験の赤本同様、その学校の入試に出そうな問題が並べられている本だ。小学4年生の佳乃さんにやれと言っても解けない問題が多いのは当たり前なのだが、母親はこの問題集をベースに指導をスタート、間違えた問題は本に掲載された解説を母親が読み、母親独自の解釈を加えて佳乃さんに教えていた。

スポーツの名選手が名コーチになるとは限らないのと同じで、自分がその問題が解けることと、子どもが理解できるように教えられるということはイコールではない。だが母親は、自分を過信していた。

例えば、母親は中学受験算数の代表格「つるかめ算」や、「旅人算」などの解き方を連立方程式を使って説明した。確かにこれを使えば解はすぐに導き出せる。しかし、連立方程式を学校で習うのは中学に入ってからだ。もちろん小学4年生の佳乃さんは知らなくて当然なのだが、母親はそれを許さなかった。算数的能力の高い5、6年生の子に対して説明をすることはあるようだが、4年生の子どもに闇雲に教えることはない。しかし佳乃さんの母親は、闇雲に連立方程式のやり方を覚えさせて問題を解かせようとしていた。

「私は別に勉強が嫌いだったわけでもないんです。新聞やニュースを見て新しい情報に触れることも好きでしたし、本はルポとかが好きでした。テストでいい点数が取れるわけではなかったけれど、授業で新しいことを習うのは好きだったんです」

親から受けた高圧的指導の結末

だが、母が覚えろと言う連立方程式は佳乃さんには理解できなかった。一向に入試問題が解けるようにならない佳乃さんに対し、母親はいら立つようになった。

「おいブタ、あんたはバカなのか！」

「何回言えばわかるの！」

母親はこう言い放ち、間違える度に頭を手で叩いてきた。そのうちに手で叩くのが痛くなったのか、本の角で頭を小突くようになった。しばらくこの「母塾」が続いたが、やっと自分で教えることをあきらめたのか、佳乃さんを塾に連れて行く。

訪れたのは兄が通っている塾だった。地元の中学に上がる子が通う学習塾で、高校受験には対応するが、中学受験のために通う子はいなかった。自宅から少し離れた場所に中学受験を扱う進学塾があることはわかっていた。だが、母親は、佳乃さんの兄が通っている近所の塾に佳乃さんを入れる選択をした。

「中学受験塾にも説明は聞きに行ったと思います。でもそこは、学年が上がると塾弁が必要になるし、経済的にも難しかったんだと思います」

中学受験を知らない人から見れば、塾ならどこでも同じだろうと思われるかもしれないが、中学受験に対応した指導をしてくれる「進学塾」と、学校の勉強についていくことや、学校の成績を上げることを目的にする「補習塾」では取り扱う問題も違うため、指導も異なる。佳乃さんの入った塾は後者のため、受験問題の解説を塾の授業で取り上げることはない。しかし、「母塾」で教わるよりも何倍もマシだと感じた佳乃さんは、自力で受験勉強に挑もうと決意した。

問題集の解説を自分で読み、問題を何度も解いた。解説を読んでもわからないことが出てきたときは、塾の授業後に先生をつかまえて「教えてほしい」と頼んだ。学年が上がり、通塾は週3日に、しかし、6年生を迎えても相変わらず塾で中学受験問題を扱うことはなかった。つまり、試験突破のテクニック的なことは何も教えてもらえない。

〝国語は得意科目だからきっちり点数を取りにいこう〟

〝算数は計算を絶対に落とさない〟

佳乃さんは問題集の解説を頼りに自分なりに試験に向けて答案づくりのマネジメントを始めた。しかしこの努力は、佳乃さんみずからのやる気を原動力にしたものではなく、母に怒られたくないという恐怖心からの行動だ。模試を受けても成績は今ひとつ。

不幸中の幸いだったのは、母親が、佳乃さんに少しでも偏差値の高い学校を目指させる方向で受験を考えていなかったことだ。小学4年から行き始めた学校見学行脚《あんぎゃ》でも、自宅から通える範囲の中で佳乃さんの偏差値帯に合ったところを中心に回ってくれた。佳乃さん本人はというと、私立にさえ合格できれば母の気持ちは収まるのだから、とにかく自分の成績で合格できそうなところを志望校にしようと決めていた。

そんな中、見学に訪れて母親が気に入ったのが上野学園中学校だった。今でも1学年50人以下と少人数教育を貫いているが、自宅からの通学距離も申し分なく、なにより、佳乃さんの成績ならばなんなく合格できるように感じた。

母親が提案したのは、この学校の推薦入試だった。他校の一般入試よりも先に合否がわかるため、ここで合格をもらえれば、母親の中での第一志望、自身の母校にも挑戦できると踏んだのだ。推薦には小学校の成績が必要だった。当時、佳乃さんの通っていた小学校の評価方法はABCの3段階評価。佳乃さんは国語と美術はAだったものの、あとはすべてB、体育はC評価がついていた。推薦入試では内申書などの書類に加えて親子面接も課されていた。

小学6年生の秋に迎えた面接本番。

「本校を志望する理由を教えてください」

試験官から出された質問にはなぜか母親がすべて答えていった。〝これは落ちたな〟。佳乃さんは母親の対応を見てそう直感したと話す。結果は佳乃さんの予想通り不合格。だがこの結果を母親は佳乃さんのせいだとなじった。

「あのC判定で落ちたんだ」

「あんたがデブだから落ちた」

「もういい。あんたなんか地元の中学に入っていじめられればいい！」

「中学受験なんてやめちゃいなさい！」

支離滅裂な言葉をぶちまける母親。もともと佳乃さんが自分の意思で挑んだ中学受験でもない。佳乃さんはやめさせてくれるものならやめたいという気持ちはあったが、今ここで、

「じゃあやめる」

と言えば、もっと母親は怒るに違いない。佳乃さんは恐怖心から、

「やらせてください」

と母親に頭を下げて頼む行動をとったと話す。

「あぁ、この人はもう、こうとしか言えないんだな。可哀想にという気持ちになりました。

（一般的に言われる）母親らしい愛情をこの人に求めてはいけないんだなとあきらめの境地になりました」

その後、母親の希望通りに出願。まだ試験は残っていたが、初めに合格の出た都内仏教系の中高一貫校の合格で力尽き、他校の試験は受けずにこの学校への入学を決めた。

「偏差値は低い学校でしたけど、私はここで救われました。そんなこと、と思われるかもしれませんが、どの先生もちゃんと佳乃ちゃんと名前で呼んでくれたんです。家ではずっとデブとかブタと呼ばれてきた私にはそれだけでも嬉しかった」

先生たちは「佳乃はすごい！」と、ことあるごとに褒めてくれた。

あるときは、学校見学に来た小学生に佳乃さんが教室の窓から手を振った姿を見て、入学を決めた後輩がいたことを伝えてくれて、佳乃ちゃんすごいじゃない！　と褒められた。

反抗期もあったのか、佳乃さんが教室を抜け出して先生を困らせたこともあった。そんな時でも先生は一度も責めたりしなかった。

「佳乃がいないと淋しいじゃないか」と、いつでも優しく言葉をかけてくれた。

教師を困らせたその行動を今なら言葉にできる。自分のことを気にかけてほしい、そのSOSの表れだった。

「先生がちゃんと私のことを認めて受け止めてくれた。あの6年間がなかったら、今の私はないかもしれない。こうして普通に暮らせているのも中高時代の先生たちのおかげです」

佳乃さんは高校卒業後、好きだった美術系の短大に進み卒業、社会人となった今は一緒に暮らす男性と共に穏やかな日々を送っている。だが、その男性から夜中に、時々起こされることがある。男性によれば、佳乃さんが寝言で「殺してやるー！」と叫んでいるというのだ。そんな時、佳乃さんが見ているのは大抵母親の夢だと話す。

「母に中学受験の指導をされていた情景を夢で見てしまうんです」

解放されたと思っていても、なおも佳乃さんを悩ませる母との記憶。娘がいじめられることを案じて中学受験を勧めた母親。母親には母親の言い分があるだろう。しかし、その愛情が娘を傷つけ、何十年も苦しめていることは確かだ。

中学受験が招いた溝。もちろん、受験をしなくても、溝は生まれていた可能性はある。いずれにしても、すでに生まれてしまった溝が埋まる日まで途方もない年月がかかる気がした。

最近、「1億『総孤独』社会」という雑誌の特集タイトルが目にとまった。親の介護や看取りを業者に頼む人が増えており、精神的理由から「介護をしたくない」という人も多いという。

　佳乃さんもこのままいけばそんな一人になるかもしれない。親が「よかれ」と思って始めることも多い中学受験だが、それが親子の将来にもたらす影響は、私たちが思う以上に大きい。佳乃さんの事例には、親が知っておくべき教訓が詰まっているように感じた。

プロスポーツ選手になる夢を追いかける

中学受験を目指すきっかけは大きく分けて二つあるという話をしたが、あと一つ、数はそれほど多くはないが、好きなスポーツを続けるために中学受験を選択するという家庭もある。いずれもプロ選手を目指しているという家庭の事例を見てみよう。

エピソード9　野球を続けられる環境を求めて挑戦した受験

将来、プロ野球選手になりたいと語る都内在住の鈴木翔君（仮名・当時中学生）は、夢を現実のものとするため、六大学野球での活躍も期待できる立教大学の付属校に入学した。しかしそこに至るまでの道のりは、決して生やさしいものではなかった。

小学1年生当時、首都圏に住んでいた翔君。近くの公園で父親とキャッチボールをしていたところ、地元の野球チームの人から声をかけられ、チームに入ったのが野球との出合いだった。

「野球をやってくれたことは嬉しかったです」

と話すのは父親の知己さん（仮名）。知己さんも中学校までは野球をしていたという。

高校に入るとき、

「学業を選び、野球をあきらめてしまいました。続けたかったなぁという思いがありました」

知己さんは転勤族。翔君が小学3年生になると、地方転勤が決まり、首都圏のチームを離れることになってしまった。しかし、運よく転居先でも素晴らしいチームに出合うことができた。少年野球の花形、リトルリーグの全国大会にも出場する強豪のチームだった。

リトルリーグは、学年により参加できる試合が階級分けされていたが、リーグ戦を勝ち進むと全国大会があり、その先には世界大会がある。翔君は転校後、すぐにこのチームに入団、練習を重ね、レギュラー入りを果たした。4年生では全国大会に出場、だが、チームは一回戦であっけなく敗退してしまう。

「号泣でした。あんな息子の姿は初めて見たので、それだけ一生懸命に野球を頑張っていたんだなと、こちらも胸が熱くなりました」

〝もう一度、全国の舞台に立たせ、リベンジさせてやりたい〟。そんな親の気持ちが強くなるにつれ、気がかりなことがあった。知己さんの次の転勤だ。転勤族の家庭の多くは、子どもが高学年になるにつれて、進学のことを考えて定住先を選び始める。鈴木家にも、決断の時期が迫ってきていた。

「場所によってはリトルリーグのチームがないところもあります。今のうちに定住先を決めて、野球を思う存分やらせてあげたいと考えるようになりました」

候補に挙がったのは母親である明美さん（仮名）の実家にも近い、東京都西部のエリア。ここなら、全国大会常連の名門チームに加わることもできる。全国大会で悔し涙を流した後、4年生の10月、家族は父親を残して東京での生活をスタートさせることにした。

野球を続ける一方で、両親が考え始めたのが中学受験だった。東京の場合、中高一貫校は山ほどある。中学で入ってしまえば、高校受験がないぶん、中高の6年間は好きな野球に没頭することもできる。

両親からすると、これは魅力的なことに見えた。決めるのはあくまでも翔君本人だが、受験をしたいと言い出した時のことを考えて、塾に通わせ始めることにした。

「やはり、早稲田実業などに憧れまして、早稲田アカデミーに入りました」

通塾は週に2回で平日、リトルリーグの練習は土日が中心だったため、曜日が重なることはなかったのだが、両立はかなり難しかった。所属する野球チームはレベルも高く、レギュラーを目指すなら、自主練習は欠かせなかった。素振りとシャドーピッチングを毎日それぞれ100回することを決め、練習に打ち込んだ。

頑張る息子を支えたのは、両親の連携だった。明美さんが自主練の様子を撮影し、単身赴任中の知己さんに送信、動画を見た知己さんが翔君にアドバイスを続けていた。これに加えて月に2回は野球の塾にも通っていた。翔君はレギュラー入りを果たし、試合でも活躍するようになっていく。

一方、塾での成績はというと、なかなか振るわない状況だった。

「早稲田アカデミーは宿題も多くて、野球との両立が難しい感じでした」（知己さん）

成績も上がることなく、宿題もこなせない。ただ塾に通っているというだけの状態が続いた。

そんな折、翔君は不運にもケガに見舞われてしまう。遠征先での試合中、突然肘に痛みを覚えたが、翔君は途中で交代したくなかったのか、全くそのことを口にしなかった。

「肘が痛い……」

試合後にそう話す翔君を病院に連れて行くと、なんと骨折していた。

小学生の骨はまだ成長の途上のため、強い力が加わると、軟骨が剥がれることがある。翔君のケースはまさにその状態だった。野球ができなくなったうえ、塾の勉強も思うようにはかどらない。翔君の気持ちも態度も、日に日に投げやりになっていく。

「このままじゃ、大会に間に合わない。勉強もわからない。もういい。全部やめる！」

翔君はそう言い、勉強も、野球の練習もやらなくなってしまった。

そんな状態で迎えた冬休み。地方にある知己さんの実家で、久しぶりに家族がそろう嬉しい時のはずだったが、穏やかな年末とはいかなかった。翔君の態度を見かねた知己さんが、活を入れる。

「なにをだらだらしているんだ！」

しかし、父親からいくら言われても、翔君の態度は変わらなかった。ピリピリした雰囲気に口を挟んだのは祖母だった。

「翔がこんな状態になるなんて、少し考えたほうがいい。追い込みすぎなんじゃない？」

東京に帰った翔君は、重い口を開いた。

「やっぱり僕、野球はやりたい……。5年生の7月にある大会には、どうしても出場したいんだ……」

野球は続けさせてやりたいが、受験を考えると、勉強を全くしないわけにもいかない。悩んだ末に出したのが、転塾という選択だった。受験の要は算数。とにかく、算数だけでも続けておこうと、個別対応をしてくれる栄光ゼミナールに転塾した。その後、単身赴任で離れていた知己さんも、千葉県への転勤が決まった。翔君はというと、ケガが完治せず、レギュラー落ち。結局、ケガ以降は背番号をもらえぬまま、4年生が終わってしまった。

5年生になった翔君は、ケガは治ったものの、なかなかレギュラーには戻れなかった。翔君に与えられた役割は、ノックのときの球拾いや道具運びといった裏方だ。これが今の自分に与えられたポジション、頑張るしかない。翔君は弱音を吐くことなく、与えられた役割をこなし、自宅での自主練習を再開した。

知己さんはそんな息子の頑張りを支えようと、週に2回は千葉から東京の自宅に戻り、自主練習に付き合った。こうして迎えた夏の季節、全国大会メンバーの発表日、最後の最後に呼ばれたのは、翔君の名前だった。挫折を味わった4年生、腐らず続けた裏方仕事の末に手にした背番号は、あきらめなければ道が開けるということを翔君に教えてくれた。この大会で力を出し切ったのか、大会後、翔君は上級生のチームには加わらず「受験したい」と言い始める。

6年生夏、偏差値46から見せた這い上がり

「地頭《じあたま》がいいという気はしていました。低学年のときは書店で売られている宮本算数教室というところが出しているテキストを買ってやらせていたのですが、大人でも考えてしまうような問題も、わりとすらすら解けていました。高校入試で野球の強い学校に入る選択もあるでしょうが、野球と大学受験の両立は難しいと思っていました。でも、大学付属の中高一貫校なら、両立ができるんじゃないかと、そんな話をしたら本人も受験してみると言い出しまして」（知己さん）

5年生の秋、栄光ゼミナールの個別指導から集団クラスに転籍、家庭教師もつけて、本格的に中学受験の勉強をスタートさせた。

家庭教師には理系科目を依頼し、国語は父親が担当した。野球の練習で培った絆《きずな》があったからだろうか、翔君は父親の指導を嫌がらなかった。とにかく時間がない。国語の問題は、傍線の前後に必ず答えがあるなど、テクニック重視で指導を続けた。しかし、6年生の夏休み明けに受けた四谷大塚の偏差値は46。当初目標にしていた偏差値60超えの早稲田系の学校にはとても手が届かない。それでも、知己さんはまったく悲観していなかったという。

「模試は実際には受験しないような学校の名前も書きますよね。だから、模試で出てくる偏差値が、その学校の偏差値だとも言い切れない。あくまでも、目安だと思っていました。大事なのは、目標の学校の過去問でどれだけ合格点が取れるかだと思います」

この視点はとても大事だ。模試はその子の学力のベースを測るものであっても、志望校の入試問題と傾向が違う場合もあるからだ。ここで一喜一憂せずにどんどんと構えていたことも、翔君が諦めムードにならずに済んだ要因だろう。

とはいえ、この成績では志望校合格までの道のりはかなり距離がある。6年生の9月、栄光ゼミナールでの集団授業は続けつつも、ここで家庭教師を替えることにした。トップ校を目指す指導が得意なプロ家庭教師2人を雇い、理系、文系それぞれを見てもらうことにしたのだ。最初の面談、家庭教師からの言葉は厳しいものだった。

「お父さん、今の段階でこの偏差値ではご希望の学校は無理ですよ。もうこれは、夢物語のレベルです。本心を聞かせてください」

もちろん、父親も本気で早稲田系の学校を目指させようと思ったのではない。目標を高くすることで、力を伸ばしてくれればいい、そう考えてのことだった。

「本人の夢はプロ野球選手です。なれるかはわかりませんが、東京六大学野球の加盟校に入れば、野球を長く続けることができます。やり続けていれば、誰かの目に留まることもあるかもしれません。早稲田といわずとも、六大学野球に加盟している大学の付属校に入れればいいなという思いはありました」

そこで現実的な志望校として浮上したのが、今、翔君の通う学校だった。偏差値は60と決して簡単ではないが、模試の結果を分析すると、問題が理解できないというよりも、ケアレスミスが多かった。

「これは、歯が立たないんじゃない。模試慣れしていないだけだ」

そう感じた知己さんは、四谷大塚の模試の過去問を取り寄せて、自宅で取り組ませることにした。同時に始めたのが、志望校の過去問を徹底的に解くということだ。父親の戦略が功を奏したのか、11月の模試では偏差値を56まで伸ばすことができた。

しかし、入試前最後となる12月の模試では大幅に点を落とし、偏差値48に。だが、これが逆によかったと知己さんは振り返る。

「秋から徹底して過去問や演習問題をやっていたので、夏まで力を入れていた基礎問題がすっぽり頭から抜けていることに気づけました。試験本番前にそのことがわかったのは収穫でした」

全落ち寸前で見せた底力

基礎問題のテコ入れをして迎えた入試本番、滑り止め校を含め3校を受験する日程を組んだ。どこかは合格がもらえるだろう——。本人も両親も、そう思っていたという。だが、現実は違った。本命校の1回目が不合格だったのに加え、押さえとして受験した学校でも合格がもらえず、最後のチャンスとなる本命校2回目入試の日を迎えることになってしまったのだ。

知己さんの脳裏に、以前目にした記事『中学受験で〝全落ち〟した母子の「最終出口」』（本書のエピソード1）が浮かび、思わず塾に駆け込んだ。

「塾に泣きついたのはこの時が初めてでした。今からでも受験が間に合う学校を教えてほしいと頼みました」

実は、押さえとして受験した学校も入試を複数回実施していた。そのため、これからでも受験が間に合う回もあったが、後半になるにつれ、倍率も高くなる。

家庭教師の先生からは翔君の場合、第1回入試で落ちたら「それ以降での合格は難しいだろう」ということを言われていた。つまり、成功体験を積ませるために受けるという意味ではリスクが高い。別の学校を受けさせよう……焦る両親を横目に翔君は意外と冷静だった。

「次落ちたら、高校受験でリベンジするからいいよ」

と、今まで考えていなかった学校の入試に挑むことには、あまり乗り気でない様子だった。

結局、塾に教えてもらった学校を受けることはせず、最後に残した本命校の2回目のみを受けることになった。もしここが落ちれば、文字通りの「全落ち」となる。

あっという間に本命校の2回目の入試、2月3日の朝がやってきた。塾は自宅の最寄り駅の近くにあったが、駅に着くと、塾の先生が改札前で待っていた。

「フレー！　フレー！　翔！　翔！」

大きな声でエールを送ってくれる先生の声が、翔君の曇りがちな心を引き上げてくれた。学校まで引率していた知己さんに、

「大丈夫、僕はやれる！」

そう言って、翔君は受験会場に向かっていった。

そして、翔君は見事に本命校である立教新座《にいざ》中学校に合格した。広い野球グラウンドを有し、六大学野球でも有名な立教大学の付属校だ。こうして、親子でずっと目指してきた

6年間野球が思う存分にできる生活をついに手に入れたのだった。

「試験当日に持ち帰った問題用紙にはいくつものメモがありました。見直した形跡があったんです。ケアレスミスをなくすように、一緒に練習してきたことをやってくれていたんです。ちゃんと自分でできるように成長していたんです。やるべきことをやった結果、合格できたのだと思います。私が大学入試に受かったときに、自分の父親が涙を流して握手してくれたんですが、息子の合格発表を見た瞬間、私も息子の手を握っていました。あのときの父親の気持ちがわかった気がしましたね」

首都圏では、中学受験志望者の増加と共に、通塾開始年齢の低年齢化という現象も起きている。塾生活ではひたむきに頑張ることを学べるが、一方で、遊びやスポーツを通じてしかできない経験もある。スポーツを通して経験してきたつらさや葛藤、達成感。翔君の場合、これらの経験が受験にも結びつき、最後まであきらめない粘り強さを見せてくれた。翔君親子は、受験という山の登り方にはいろいろな道があることを、私たちに教えてくれている。

エピソード10　世界を目指して中学受験を決意した少女

首都圏に暮らす大山夏音さん（仮名）。成長を考えたのだろう。少しオーバーサイズのブレザーが新入生である証《あかし》であるかのように、彼女の肩を優しく包む。

「この学校で、私は世界に羽ばたいてみせる！」

悔し涙を流した日から2カ月、夏音さんの眼差しはすでに前に向かっていた。

「私もやっぱり私立に行きたい！」

上に2人の姉をもつ夏音さん。長女は地元の公立中学から高校へ、次女は6年生から通塾を始めて第一志望の私立の名門女子中学校に合格していた。二人の姉たちを見て、次姉の道のほうが自分には向いていると思ったのかもしれない。彼女はあるウィンタースポーツのチームに所属しており、将来はプロの選手として活躍することを夢見ていた。

しかし、日本ではまだ女子の競技選手は少なく、彼女の所属チームでは、練習も男子と合同で行われていた。小学校高学年になったある日、アメリカで暮らす日本人の女子選手Aさんと話す機会に恵まれた。その女性は競技だけでなく勉強にも励み、日本の国立大学を経てハーバード大学に留学、勉強しながら現地のチームで練習をしているという。アメリカは男女関係なく練習の機会も得られるという話をしてくれた。

「Aさんが言ってたの。スポーツだけでは食べていけない。他にも得意なことが必要だって。だから、セカンドキャリアも視野に入れたほうがいいんだよね。私も海外に渡って学びながらプロを目指したい」

これが、夏音さんが中学受験をしたいと言い出した理由だった。その後、夏音さんは自力で情報を収集し、母に学校の資料を見せるようになった。小学校の先生と衝突することもあった夏音さん。好き嫌いが激しいと一言で済ませるのは大人の理屈なのかもしれない。大人を「嫌い」と思うとき、子どもには子どもなりの理由があるのだ。

夏音さんは幼い頃から子ども扱いされるのが大嫌いだった。姉も二人いるため、同年代の子と比べると少し大人びている部分もある。そんな夏音さんは、プロを目指す厳しいスポーツの練習の、子どもだからと妥協を許さない雰囲気が好きだった。

〝私は絶対に一流のプレーヤーになってみせる！　そのために、有名チームもあるアメリカやカナダに留学できる学校に入ろう〟

先輩女子プレーヤーとの交流で生まれたみなぎる感情は、彼女の夢へと変わっていった。

「そうかぁ、それなら、お父さんも応援するよ！」

いつも練習に付き合っている父・真一郎さん（仮名）は三女の意思を尊重、後押しを約束してくれた。

母親の香奈さん（仮名）も、本人の希望ならばと、拒むことはしなかった。だが、積極的に中学受験の伴走ができるほどのゆとりはなかった。香奈さんはスタッフを複数抱える事業所を経営している。専業主婦ではないため、受験に向けての家庭学習に付き合うことは難しい。勉強だけではない。中学受験をする家庭の中には20校以上も見学するという強者もいるが、香奈さんには学校選びを入念に行うだけの時間の余裕もない。これは夏音さんの姉、次女の受験の時も同じだった。

「ママはたくさんのことはしてあげられない。自宅学習はプリント管理も含めて自分でやることになるよ。それでも、挑戦したい？」

「大丈夫。自分でやる！」

こうして5年生の3学期、夏音さんは入塾した。

5年生の3学期ともなれば、すでに塾の中学受験コースはかなり進んでいる。受験をするなら、今からでも合格できそうな学校に絞って考えるしかないだろうということは想像がついていた。

入塾したのは自宅近くにあった栄光ゼミナール。20人ほどの集団クラスで授業は進んだ。塾の勧めで初めて受けた模試は、首都圏模試センターが実施する通称〝首都模試〟だ。この模試はサピックスなどに通う難関校狙いの子は受けない場合もあるが、個人塾に通う子をはじめ、幅広い層の受験者がいるのが特徴だ。受験者全体のレベルが高い模試では、偏差値40台以下の学校は志望校として名前を書く子が少ないため、合否予想表に名前が出ずらい。だが首都模試はさまざまな学力層の子が受けるため偏差値帯が下の層の学校の合格可能性まで見ることができる。

受験勉強を始めたばかりの夏音さんの成績は、予想通り低いもので、偏差値は26。中学受験の世界を知らない人からすれば、こんな偏差値があるのかと驚く人もいるだろうが、受験勉強を始めたばかりの子が取る偏差値としては驚く数字ではない。中学受験の問題は小学校の勉強とは異なるため、最初はできなくて当たり前だ。次女の受験を経験している大山家も、さほど驚くことはなかった。ただし、時間がない。効率的な方法を考える必要があった。実は次女の受験のときにも同じような状況だった。始めたのも遅ければその時点での偏差値もさほど高くなかった。

中学受験の場合、難関校の大半は国語、算数、理科、社会の4教科の試験を課しているが、中堅校では国語と算数の2教科で入試に挑める学校が多くある。大山家は次女の受験でも2教科の勉強に絞り、第一志望校の合格を手にした経験があった。

「今からだってきっと大丈夫」

両親に不安はなかった。

ところがだ。入塾してしばらくすると夏音さんが、

「塾の先生が合わないから塾を替えたい」

と言い出した。どこが合わないのかと聞いても「とにかく嫌」の一点張り。同じ栄光ゼミナールで個別指導も試したが、ここでもしっくりくる講師には出会えず、やむなく別の塾を探すことにした。

訪れたのは地元では知られた個別指導の塾だった。個人経営ではないが、大手とまではいかない。しかしここでも合う先生が見つからずに終わる。そして、最後に訪れたのが個別指導で教えてくれるトライプラスだった。トライと聞くと、中学受験塾という印象は薄いのだが、夏音さんはここが気に入った。

「上の姉が通っていて、一緒に通えるのがよかったのかもしれません」（香奈さん）

お姉ちゃんが通う塾。子ども扱いを嫌う夏音さんにとってはそこも魅力だったのかもしれない。

個別指導を選んだのにはもう一つ理由がある。それは、スポーツとの両立だ。集団指導の塾では学校と同じで時間割が決まっているため、自分の予定に合わせて曜日と時間を決めることができない。夏音さんの場合はチームでの練習を続けることが最優先事項だったため、集団塾では両立が難しいと感じた。

かといって、個別指導でも中学受験を専門に扱う塾の場合、複数の生徒と顔を合わせることになる。周りと比べて勉強時間が取れていないことをまざまざと見せつけられる。そんな環境も、夏音さんにとっては「嫌」の原因だったかもしれない。多くの中学受験生が夏期講習に通う6年生の夏休みも、夏音さんは2週間、チームの練習合宿に参加していた。

それでも、6年生に入ってからは成績も上がり、模試の結果も算数は苦戦するものの、国語の偏差値は安定して50を超えていた。そして、2教科偏差値も40台後半から50台前半を行き来するようになっていた。そんな夏音さんが第一志望校にしたのはサレジアン国際学園世田谷（サレジアン世田谷）だった。２０２３年に女子校の目黒星美《せいび》学園から校名を改めて共学化することが決まっていた学校で、夏音さんの学年はその一期生の募集の年にあたる。

昨年までの偏差値帯ならば射程範囲の学校だった。だが、共学化の募集初年度のため、偏差値や倍率が読めない。女子校の目黒星美時代には偏差値表40台の枠に位置していた学校だが、首都模試の偏差値表では幅があった。実際に学校説明会に参加すると会場からあふれるほどの親子が来ていた。教育内容についての学校側からのプレゼンも素晴らしいものだった。

「これは、人気が上がるな……」

夏音さんと一緒に説明会を訪れた香奈さんは直感的にそう思った。一方の夏音さんはというと、サレジアン世田谷は複数回受験することができるため、どこかの回では合格できるだろうと考えていた。万が一を考えて、あと1校くらいは出願しておこう、その程度にしか思っていなかった。

彼女が設けた志望校の基準は、海外留学のチャンスがある学校。これを軸に情報を集めた結果、気になる学校がほかに2校見つかる。その1校が、サレジアン世田谷と同じく、近年校名を変えて共学化、グローバル教育を強みとして押し出し始めた千代田国際だった。数々の学校改革を手がけてきた敏腕校長が就任したことでも話題になった学校だが、説明会に参加した結果、ここは志望校から外すことにした。

「ものすごくパワフルな説明で、説得力もありました。でも、なんとなく、はっきりとこれが違うとは言えないのですが、ここは夏音とは合わないなと思ったんです」

これは学校に実際に足を運んだ人にしかわからない感覚なのだが、私学は学校により受ける印象が本当に違う。学校全体や生徒の雰囲気、校舎の佇まい、そのすべてが醸し出す何かがあるのだ。母親の勘は当たり、夏音さんも「ここは違う」と感じたらしく、志望校にしたいとは言わなかった。

もう一つの学校は伝統校でありながら、近代的なビルの校舎をもつ学校で、生徒数もかなり少ない。だが、海外への留学チャンスが豊富にあり、海外の高校に通いながら日本の高校の卒業資格も取れるダブルディプロマ制度もあった。集まる子たちも留学を意識する生徒がほとんどのようだった。夏音さんは第一志望のサレジアン世田谷に受かるつもりでいたため、一応、志望校に入れておこうかという程度だったが、こうして2校の受験を決めた。しかし、塾の勧めもあってもう1校、女子校から共学化した横浜富士見丘学園も視野に入れることにした。

監督からの無残な仕打ち

　志望校も無事に決まり、成績も安定、申し分のない状態で冬を迎えたつもりだった。ところがだ。粛々とやるべきことを進める夏音さんの心に、不協和音が響き始めた。

「あいつはダメだ。あいつのようなプレーはするなよ！」

　練習中、名指しで罵声を浴びせられた。それは、所属するチームの監督の声だった。入試直前期の1カ月の間だけ、休部したいと申し出たところ、

「受験で休むくらいなら辞めろ！」

　と言われたのがきっかけだった。レギュラーからは降格、もちろんそれは覚悟していた。休部に入るまではいつも通り練習に出ようと頑張ったのだが、行けば行くほどひどい言葉を浴びせられる。考えてみれば、チーム内に中学受験をする子はいなかった。夏音さんの所属するチームのメンバーは多くが小学校受験で大学付属の一貫教育校に入学しているため、練習に打ち込めているのだ。

　そんな中でも父親は夏音さんの夢を叶えてやりたいと、留学先のリサーチを続けていた。プロ選手への夢は諦めたくない。でも、この屈辱的な扱いにはもう耐えられない……。留学情報を入手しては説明してくれる父の存在を疎《うと》ましく思うようになった。夏音さんの心

は限界を迎え始めていたのだ。

「私……もう練習いかない……競技もやめる……」

休部ではなく退部を申し出ることにした。

入試も迫る中、やる気も出ないまま、淡々とした日々が続いていく。そもそも夏音さんが中学受験を目指したのはこのスポーツでプロを目指すためだった。その目標が失われてしまったのだ。何もやる気が出ないのは無理もないことだろう。両親は見守るしかなかった。

監督から浴びせられた「お前はダメだ」という言葉の棘《とげ》は簡単には抜けない。子ども扱いが嫌いという夏音さんだが、そうは言ってもまだ子どもだ。監督のこの言葉はすべてを否定されたような気持ちにさせた。

後日、父親は監督に直接抗議に行った。これは明らかに虐待じゃないのかと問いつめたが、監督はそれをまったく認めないばかりか「殴ってないから虐待じゃない」と言い放った。

冬の薄い日差しは夏音さんの心をなかなか温めてくれなかった。暗い表情が続く。だが、中学受験をやめるとは言わない。数日後、こんなことを言い始める。

「私、競技をやめても生きていける術《すべ》を身につけなくちゃいけない……」

この思いを本人が見いだすまでにどれだけの苦しみを乗り越えただろうか。夏音さんは自らの力で再び心を持ち上げ、集中して過去問に取り組むようになった。

受験は過酷なものとなった。母親の予想通り、サレジアン世田谷は志願者数を伸ばし、結果を見ると全体で1061人が出願している。当初申し込んだのはサレジアン世田谷のみ。2月1日午前、午後、3日午後入試の3回に出願した。癖のある問題だったが、対策はしてきた。合格は夢という話でもないと思って挑んでいた。

夕方に午前入試の結果を見ると、合格の文字はない。落ち込んだものの、まだ午後入試の結果がある。午後入試の結果が出るのはどこの学校も夜10時頃になることが多い。翌日も入試かもしれないと思うと、早めに寝かせたほうがいいのはわかっているが、結果を見ずに本人が寝られるわけもない。家族が見守る中でおそるおそるパソコン画面を覗《のぞ》き込み、発表のボタンを押す。

「不合格」

画面に映し出された3文字を見た瞬間、こらえきれなくなったのか、夏音さんの目から涙がぐゎっとあふれ出た。覚悟はしていた。だが、実際に泣き崩れるわが子を前に、何も言葉が出てこない。わが子の涙は想像以上につらかった。

次女の受験では2月1日に合格していたため、親もここからは初体験だ。本命サレジアン世田谷の次の入試までは1日空く。そこで、塾の先生からの勧めもあった横浜富士見丘の午前、午後の入試に申し込んだ。しかし、一度ならず二度も不合格の文字を目にすると、親もひるむ。

本命校・サレジアン世田谷の3日の入試はペーパーテストの入試以外に思考力を問う「21世紀型」入試があった。こちらはあらかじめ与えられたテーマについて、試験当日に与えられる資料を基に自分の考えを書き上げるという試験だった。その年のテーマはジェンダー。ジェンダーは経営者でもある香奈さんにとっても身近な話題だ。夏音さんは受験用の作文練習はしていなかったが、教科テストよりもこちらのほうがチャンスがあるかもしれない。そう考えた香奈さんは、夏音さんにもちかける。

「お母さんが全力でサポートするから、2日の午後入試を捨てて、サレジアンの21世紀型にチャレンジしてみない!?」

「そうだね。わかった。やってみる!」

2日午前の入試を終え、自宅に戻った夏音さんは香奈さんと共にダイニングテーブルに向かった。

「ここはもう少し夏音の思いを伝えたほうがいいかな」

「こんな展開にしていくんだよ」

経営者としても手腕を振るう早稲田大学出身の香奈さんのアドバイスは無駄がなく適切だった。数時間の練習で夏音さんの文章は見違えるほどになった。

「とにかく明日は最後まで書き切ることを目標に、やれるだけやりなさい」

明るく励ます香奈さん。つねに多忙な母親。姉妹もいる夏音さんがこれだけ母親をひとり占めできたのは、生まれて初めての経験だ。合格することも大事だが、この濃厚な時間をもてたことは、合格よりも大きなものとして夏音さんには残るだろう。

だが、一夜漬けでできるほど試験は甘くはなかった。与えられた資料は想像したものとはまったく違い、結果は不合格。前日の横浜富士見丘も合格をもらえず、一つの合格もないまま、入試3日目が過ぎていった。

4日目、横浜富士見丘と、見学で気に入っていた小規模ながらグローバル教育に優れた女子校に出願、もう気力だけの戦いだ。これが最後の入試。何度も目にした「不合格」。だが、この日、画面に現れたのは3文字ではなく2文字だった。

「合格」

夏音さんはなんと2校とも合格していた。長い長い4日間が終わった。

「私はここで世界を目指す！」

彼女が選んだのは最後の最後に受験した女子校だった。何度もくらった「不合格」の文字。「最後まで書き切る」と母に言われたのは作文だったが、彼女はまぎれもなく中学受験という作文を最後まで書き切った。私だけのためにお母さんが時間をつくってくれたという思いが、彼女を支え続けた。

「合否よりも大きなものを、中学受験を通して私たち親子は受け取ったような気がします」

フェミニンな服装がよく似合う母親は穏やかにそう話す。共働き家庭が増えた現代、子どもと接した時間の長さよりも、密度が大事なのだと言われるようになった。夏音さんと香奈さんが正面から向き合って過ごした二人だけの時間は、文字通り濃密な時だった。揺るぎない母への信頼。入学式、夏音さんは誇らしげに校門前で母と二人、写真に納まっていた。

お金も時間もほどほどの省エネ受験

中学受験と聞くと、高額なお金を掛けて親子で偏差値上位校という高みを目指す人たちにスポットが当たりやすい。ビジネスとして塾を経営しているような所にとってはメディアでそうした受験が取り上げられるほうが嬉しい。なぜなら、中学受験を制したければ塾に高額な費用を払うのが当たり前という認識が定着すれば、塾も儲かるからだ。営利目的の経営視点でいうならば、そうした層を増やしたいのだ。こういう塾にしてみれば、本人の実力に合った学校でいいと考える家庭は顧客として見た場合にうまみがない。

メディア側も読まれる記事を出したいという狙いがあるため、キャッチーな見出しになりにくい情報を記事にすることは稀だ。そんな中、上位校に合格した家庭の話だけでなく、もっと幅広く中学受験のリアルな姿を出したいとオファーしてくれたのが東洋経済新報社の編集者であった吉川明日香さんだった。出会ったころは東洋経済オンラインの編集者だったが、その後に編集長となった。

連載を開始して思ったことは、そうしたキャッチーではない記事も意外に読まれるということだった。近年、中学受験をする家庭が増えているという話をしたが、増加傾向を押し上げているのは間違いなくこの学力中間層の人たちだ。偏差値上位校を目指しているのではなく、わが子に合った学校をと願う親たちにとって、メディアによく取り上げられる御三家合格者や東大合格者家族の話はあまり参考にはならない。そこでこの章では偏差値を追う受験ではない形で中学受験を終えた家庭の話を紹介する。

エピソード11　好きなことをしながら無理しない受験

都内のマンションに暮らす武田凪さん（仮名・当時中学2年生）は、大好きなダンスを続けながら私立の志望校に合格した。今は海外留学を夢見て女子中高一貫校に通っている。一人っ子の凪さんは、幼い頃からスイミングにギター、ダンス、公文式とさまざまな習い事をして育った。本人に中学受験を絶対にしたいという気持ちはなかったものの、母親の祐里子さん（仮名）のほうは凪さんが幼い頃からある程度、受験を意識していたという。

せっかくこんな大都会東京に暮らし、中学校を選べる環境なのだから選択肢の一つとして考えておくのは悪くない、そんなふうに思っていた。しかし、考え方は〝ガチ受験組〟とはまったく違っていた。

祐里子さんは地方都市出身ながら、中学受験をした経験をもつ。また、凪さんの祖母である祐里子さんの母親も、中学受験の経験者だ。祖母はカトリック系の名門女子校、白百合系列の中学校に入学し、大学まで卒業している。凪さんの母である祐里子さんにも自身と同じように一貫校での学びを望んでいた。

「私の家では中学受験をしないという選択肢はなくて、当然するでしょという雰囲気でした」

小学3年生までは公文式に通って算数と国語を勉強した祐里子さん。4年生に上がる頃に中学受験のための進学塾に入塾、ひたすら勉強の日々だった。その様子は今のガチ受験組とほぼ変わらない。学校から帰ればすぐに勉強、高学年になるとほぼ毎日塾に通った。季節講習はもちろんフルで受講、長期休暇中は1日8時間から9時間は勉強するよう指導を受けた。そのため、祐里子さんは同級生と遊んだ記憶がまったくない。だが、それが普通だと思い通っていたため、さほど苦にならず、成績も良好だった。

志望校に決めたのは偏差値50台後半の地元では有名な女子中高一貫校。模試での判定もつねに合格ラインをキープ、塾の担当講師からも、

「安心して受験してください。このレベルなら間違いなく合格できる！」

と太鼓判を押されての受験だった。ところが結果は不合格。結局、念のためにと受験し

た10近く下の偏差値の学校に入学することになった。

「なんでこんな子たちと一緒に勉強しなくちゃいけないの……」

口にこそ出さなかったものの、受験競争の中で育った祐里子さんの心の中にはそんな思いが充満していた。だが、公立中に進み、高校受験をするという選択肢は浮かばなかった。祐里子さんが育った学区はビルの建ち並ぶ都会のど真ん中。子どもの数が少なく、小学校は2クラスしかない。しかし、中学校は近隣のいくつかの小学校から生徒が集まるため、いきなり5クラスに増える。おまけに市内の公立中の中では成績の良い子が集まると言われる中学校だった。当時の祐里子さんは、大人数の中での競争に勝ち抜く自信が持てなかった。

合格した学校は1クラス30人の3クラス。高校受験もなく、人数もほどよい感じがしたのだという。しかし、学年が上がるにつれて、学校の小さな世界だけでなく、広い世界を見てみたいという気持ちが膨らみ、高校生のときにニュージーランドにある姉妹提携校に留学した。帰国後、周りが大学へと進学する中、専門学校への道を選んだ。

「中学生くらいからファッションに興味があって、学びたいことを考えたときに、はまるところが大学にはなくて、それで専門学校にしたんです」

夢を叶え、今は一流ブランドに携わる仕事をしている。

「ファッションの世界にいると、大学を出ている必要性はあまり感じないんです。あの子ども時代の勉強漬けの日々って、いったいなんだったのかなって。社会で生きていくのに必要なのは、結局、自分がやりたいと思えることが見つかるかどうかではないかと」

こういう背景があるからだろう。子どもが中学受験をするとしても、偏差値の高低という軸はさほど重要とは思わなかった。自身の子ども時代を回想するように、ゆっくりとこう話した。

「自分と同じ道を歩ませたくなかったのかな。子どもにはちゃんと遊んでほしかったんです」

同じ道を歩ませたくないと思いつつも、やはり、中学受験の年齢になっていきなり勉強は始められない。加えて、夫婦共にフルタイム勤務の家庭で、学校の勉強をこまめに見てあげるゆとりもなかった。そこで、自身がそうであったように、低学年のうちは公文式に通わせた。幼い凪さんにとって公文へ通うのは勉強というよりも、スイミングやダンスなどと同様に、習い事の一つという感覚だった。

凪さん本人が中学受験を意識し始めたのは小学4年生の頃。学校の友達が塾に通い始めため、自然と考えるようになったのだ。

「トモちゃんもジュンちゃんも受験するんだって～。私もしようかなぁ」

そんな軽い調子だった凪さんに、祐里子さんは二つのことを伝えた。

一つは、実際に中学受験をするかしないかを今の段階で決めなくてもよいということ。

二つ目は、受験をするかもしれないという思いがあるなら、中学受験のための塾に通ったほうがいいということだ。

「じゃあ一応私も受験の塾に通おうかな」

凪さんのこの一言で、中学受験のための塾探しが始まった。

続けている習い事のダンスはやめたくないという凪さん。そして、遊ぶ時間も大事にしてほしいと考えていた祐里子さん。二つの思いを考慮した場合、2教科に絞って勉強するのが現実的だという考えに至った。しかし、大手の場合は4教科入試に向けて授業がパッケージ化されている。風呂敷を大きく広げてどの学校の入試にも対応できるという利点がある一方で、志望校に必要ない勉強までさせられる可能性も高かった。そのため、この時点で大手塾に通うという選択肢が消えた。

手厚い指導を期待して入った少人数制塾

そう決めたものの、大手塾以外の情報を手に入れるのはかなり難しかった。Google マップを開き、凪さんが一人で通える範囲で塾を探すと、中学受験の指導もしてくれる個人経営の塾が見つかった。ホームページには、1グループ4人までの少人数指導を売りにしているとあり、丁寧に見てもらえる気がしたため、4年生の夏を前に入塾を決めた。

だが通塾してしばらくたった5年生のある日、凪さんがテキストの進みが遅いのではないかと言い始めた。それまで勉強は塾に任せきりだったという祐里子さん。言われてテキストを見てみると、確かに少人数指導の割に進捗《しんちょく》が遅い気がした。凪さんに話を聞くと、本当は5ページ進めなくてはいけないところを1ページしか進まなかったという日もあったというではないか。担当の先生の遅刻はもちろん、ひどい時には時間が過ぎても誰も来ないことがあり、塾長が代わりに入ることもあったと言い出した。

「普通に（勉強が）進んでいると思っていましたからビックリでした。子どもも塾に通うのは初めてですから、こんなもんなのかなぁと、疑問に感じなかったようです。本人が申告してこないかぎり、親は気づきようがありません」（祐里子さん）

すぐに塾に連絡し、面談を求めた。テキストの遅れや講師の遅刻などを指摘しても、のらりくらりとかわすばかりで的を射た回答は得られなかった。この塾では受験どころではなくなると感じた祐里子さんは別の塾を探し始めた。

勉強がかなり遅れているかもしれないという不安。となると、いくら2教科入試に対応した塾といえども集団塾では学力的に難しいのではないかと考えたが、当たり外れの激しい個人経営の塾は見極めも大事だと学んだ。仕事も忙しく、いくつもの塾を見学しているゆとりもない。結局、情報がある程度ある大手の中から選ぶことにした。習い事も続けられて、家から一人で通える個別指導塾という条件で探すと栄光ゼミナールのビザビにたどり着いた。

週2日の通塾で入れる学校を目指す受験

すでに5年生の夏休みに入ろうかという時期だった。入塾を検討しているとビザビに伝えると、通っていた塾のテキストとこれまで受けた模試の結果を持ってきてくれとのことだった。
「ちょっとこれは遅れていますね〜。集団指導の塾よりも遅れていますよ」（塾担当者）
予想はしていたものの、あらためてそう聞くと、前の塾に支払っていた月謝はなんだったのかと怒りが湧いた。前の塾では、週に3日の1コマ90分。算数と国語がそれぞれ1コマずつと二つをミックスしたようなクラスが1コマの計3コマを受講、月謝は3万8000円ほどだった。

コロナ禍ということもあり、学校見学に足を運ぶ機会は限られていた。オンラインの見学会にも参加しながら6校ほどに足を運んでみたが、6年生になってもしっくりくる学校が見つからない。そんな中、知人から紹介されたのがJR水道橋駅近くにある神田女学園中学校高等学校だった。四谷大塚の偏差値表では40程度とそれほど難関でもないため、あまり世の中にも知られていない。

しかし、その学校は武田家が希望する要素を全て満たしていた。少人数の学校で、ネイティブの外国人と日本人の教員によるダブル担任制をとっていた。留学提携先は英語圏に限らずフランスや中国、韓国など豊富だ。現地での学びも単位として認められるため、留年なしに長期留学が可能だった。また、海外の大学との連携も盛んで、一定の基準をクリアするとアメリカのマサチューセッツ大学ボストン校や、ロンドン大学などに進学できる制度もある。日本の大学進学と併せて世界への扉が開かれていた。そして、凪さんが希望するダンス部があり、パンツスタイルの制服もあった。

「偏差値表では本当に下のほうだから、人目につかないんだと思います」（祐里子さん）

入試倍率も低く、お世辞にも人気校とはいえない。だが武田家としてはむしろそこは安心材料になった。負けん気が強いわけでもない凪さんは、危険を冒す受験はしたくないと思っていた。ここならば、今のペースの勉強で十分に入れる。そうも感じたのだろう。

「私、この学校に入りたい！　絶対にここがいい」

見学後、すぐに凪さんは母親にそう伝えた。塾に志望校が決まったことを伝え、対策を始めた。凪さん本人はというと、志望校が決まったことで勉強に取り組む姿勢に変化が表れた。

「こないだのテストであそこ間違えちゃったんだよね〜。ちょっと見直しておこ〜」

と、自らの勉強スタイルを作り出し始めた。調べてみると、同校には特待生制度があった。凪さんの模試の偏差値レベルからすれば、確実に受かる範囲。しかも、過去問との相性も悪くなく、倍率も低いため、どうせ目指すならば特待生になろうと、特待生入試に挑戦した。

しかし現実はそこまで甘くはなかった。

「特待生合格は余裕だろうくらいに思っていましたが、ダメでした。模試の偏差値なんて当てにならないなぁって、つくづく思いました」（祐里子さん）

一般入試には無事合格。凪さんは毎日元気に学校に通っている。お金と時間をかけ、過酷な受験競争にどっぷりと浸った経験がある母・祐里子さんが主導して目指したゴール。それは、親にも子にも重い負担を強いず、求める教育が受けられる学校に入ることだった。子どもの好きなことを中断せずに続け、友達と遊ぶ時間も大切にした武田家の受験。武田家が実践した「省エネ受験」は新しい中学受験の形を見せてくれている。

エピソード12　偏差値40台の学校を目指す受験

〝勉強漬けでかわいそう〟。中学受験をする子どもたちに対してそんな憐《あわ》れむような冷ややかな視線を送る大人も少なくない。とくに偏差値が50に届かない、40台や30台の子どもたちは「気の毒」などと言われがちだ。勉強ができない子は、勉強が嫌いだからやらない。

だから、成績も上がらない。多くの大人はそんな理屈で考えがちだが、一人ひとりを細やかに見ると、子どもによって事情はまったく違う。

「情報を探しても、うちのようなケースの話はまったく見当たらなくて、本当に苦しかった」

先日、娘が中学受験を終えたばかりの藤堂美佐子さん（仮名）はそう振り返る。

「偏差値の低い子は、地元の中学に行ったって、結局、自己肯定感を喪失させられます。偏差値を中心に評価されるような学校生活を、娘には送らせたくなかった」

あまり語られることのない、中学入試の偏差値低位層における子どもたちの受験模様。懸命に勉強を続けた少女の母親に話を聞いた。

東京都に住む来夢さん（仮名・当時小学6年生）は、第一志望にしていた私立中学から合格通知を受け取った。

「私、第一志望校に合格できた！」

声を弾ませる来夢さんは、自信に満ちていた。

四谷大塚の偏差値表では40台後半に名前の載る学校だ。偏差値上位校に入ることこそが、中学受験の成功だと考える価値観からすると、この程度の偏差値では〝成功とは呼べない〟。そう考える人もいるだろう。だが、彼女にとっては間違いなく、これは大きな勝利だった。

高校生の姉をもつ来夢さん。姉は小学1年生から難関校受験の名門塾サピックスに通い、慶應系列の中学を目指していた。

「姉はぜんぜん勉強をしないタイプの子でした。あと少しでαクラス《アルファ》だったのに、やらないから……」

歯がゆい思いをしていたと話すのは、母親の美佐子さんだ。αとは、サピックスにおける最上位クラスのことだ。

「最後のほうでやっとエンジンがかかり、勉強をするようになりました。そうしたら、慶應に手が届くかも！　というくらいまで成績が伸びました」

自身も夫も中高一貫校の出身だという藤堂家。中学受験の勉強で高い偏差値が取れないのは、本人によほどやる気がなく、親も手をかけていないからだと思っていたという。だが、次女の来夢さんの受験勉強に寄り添ううちに、それは完全に「間違いだった」と気づかされることになる。

来夢さんが受験を考え始めたのは、小学3年生の頃だ。姉のように、中学受験をして、高校入試をしないのがいいか、中学は地元に通って、高校受験をするのがいいか。両親が本人に話をすると「高校受験はいやかなぁ」という返事だった。高校受験は大変そう、そんなイメージが来夢さんにはあったようだ。

「姉の友人が地元中から高校受験をしたのですが、内申点を上げるのが大変だったという話を聞きかじったのかもしれません」

消去法のような形で決めた中学受験への挑戦だが、塾に入ると決まってからは、前向きな発言が続いた。

「お母さんを絶対にαクラスの子の親にしてあげるから！」

明るく力強く意気込む娘は、姉が通ったサピックスに入塾した。だが、入塾早々に高い壁を感じ始めた。そのときのサピックス偏差値は30台。3年生の間はクラス数も少ないため、それほど目立たなかったが、4年生クラスになり塾生の数が増えると、サピックスという集団の中では勉強ができないことを否応なく突きつけられた。αクラスは夢のまた夢。ずっと下位クラスから抜けられない日々の始まりだった。

習ったことを忘れないように、塾から帰ったらすぐに復習。塾がない日も自分から机に向かい、課題と格闘する日々。「わからない」と嘆く来夢さんを美佐子さんは根気よく励まし、理解できるまで教え続けた。

「よし、わかったね！　じゃあ、寝ようか」

解けなかった問題が解けるようになるたびに「今度こそ大丈夫！」、そう思って眠りにつくのだが、驚くことに、来夢さんは朝になると前の日に覚えたことをほとんど忘れていたという。

「どういうわけか、前日は完璧に理解できたと思ったことも、すぐに忘れてしまうんです」

姉と違い、勉強を怠けているわけでもなく、毎日コツコツと勉強を続ける来夢さん。いつか結果が出る日がくるだろうと、サピックスでの学びを続けたが、5年生の秋になってもまったく変化は見られなかった。偏差値は30台。こんな状態で中学受験をするのが彼女にとって本当によい選択なのか……。両親は苦悩した。

「受験をやめることも考えましたが、本人がやめたくないと言って……。それに、もし中学受験をやめて、地元の公立中学に進んだとしても、すぐ先には高校受験があり、さらにシビアな偏差値競争が待っています。中学でも成績が上がらず、劣等感の上塗りを繰り返す3年間になるかもしれない。そう思うと、内申点も関係なく、勝負する教科数も少ない中学受験のほうがいいのでは、と感じたんです。そして、中学時代は伸び伸びと過ごして、その先にある大学受験で進路をゆっくり考えてほしいと思いました」
こうして受験を続けることは決めたものの、サピックスは難関校を狙う塾だ。ちょっと努力したところで成績はそうそう上がらない。下のランクというレッテルを貼られた状態で通っても、よい影響はないのでは——母親がそう考え始めたとき、父親の信介さん（仮名）が、隣駅にある塾の情報をもってきた。

会社の同僚の子が通っていたというそこは、少人数指導で手厚く見てもらえるのが評判の塾だという。美佐子さんはさっそく、来夢さんを誘い、体験授業を受けに行った。地域密着の個人経営の塾で、この校舎の先生は3人ほど。1クラスの人数も10人前後と少なめだ。男子が多いものの、来夢さんもこの塾が気に入ったようだった。ここなら、学んだことの定着が遅い娘でも、丁寧に見てもらえるかもしれない。そう思った美佐子さんは、サピックスをやめ、転塾させることにした。

すでに5年生の秋、志望校選びも始まった。姉のときとは偏差値帯も違うため、見学する学校も変わってくる。

娘の良い部分を見て、伸ばしてくれる学校はないか。中学受験をあきらめずに、毎日机に向かい頑張る娘を応援したい。「娘に合う学校を見つけよう」と、通学圏内の学校をくまなく探した美佐子さん。見学した学校は25校にも上った。このうち、来夢さんと訪れたのは16校。6年生になってからは、コロナの影響でオンライン説明会となった学校もあった。

「オンラインでは実際の雰囲気がわからない部分もありました。でも、説明会は日程がかぶることも多かったので、オンラインだと移動もなく、多くの説明会に参加できるというメリットもありました」

通学時間や現在の成績を考慮して、姉の通う学校などをチャレンジ校に定め、本命校として偏差値40ほどの学校を据え、勉強を進めていくことを決めた。

転塾した先でも、来夢さんは決して成績がよいほうではなかった。しかし、ここには仲間がいた。「ずっこけ3人組」。塾の先生からそう名付けられた3人は、いずれも似たような成績だった。愛嬌《あいきょう》たっぷりにそう呼んで目をかけてくれる先生。熱心な指導は続いたが、成績はあまり伸びず、最高でも偏差値40がやっとだった。

「毎日やっているのになんで成績が上がらないの！」

自分に対するいらだちや、やるせなさからなのか、来夢さんは塾に行くことを考えると、吐き気をもよおすようになった。そしてある日、来夢さんは逃亡した。

自宅の電話が鳴ったのは、夕方のことだった。

「来夢さん、塾に来ていません」

先生の言葉に美佐子さんは青ざめた。塾に行くと言って出た来夢さんが、突然いなくなったのだ。近所を探したが見つからない。部屋を見ると、パジャマがないことに気がついた。いったいどこへ行ったのか。携帯電話にかけても一向に出てくれない。携帯電話をなくした時に使う機能を使って居場所を探すと、表示されたのはなんと新宿駅だった。

何度も電話をして、やっと娘と繋がった。

「お母さん、どうすればいい……」

困ったような声が聞こえてきた。

聞くと、埼玉に住む女子大生のいとこの家に行こうと新宿まできたものの、そこからどうやったら行けるのかがわからなくなったという。

「とにかく一度、帰っておいで」

無事がわかってほっとした美佐子さんは、優しくそう呼びかけた。そして「そんなに苦しいなら、中学受験、もうやめよう」と、娘に語りかけた。

帰宅後、落ち込んだ様子の来夢さんを自室に誘ったのは、高校生の姉だった。

「お姉ちゃんは中学受験を頑張らなかったこと、少し後悔しているの。幼なじみの雪ちゃんは、大学付属校に入れたから、大学受験もなく、自由に過ごしているようなの。私は付属校じゃないからもう、大学受験を考えなくちゃいけなくて、今、すごく苦しい。こんなに苦労するくらいなら、あのとき、もっと本気で勉強して、第一志望校に受かっていたらよかったのにと、何度も思った。あんたは今ならまだ間に合うんだよ。頑張れるんだよ」

涙ながらに話す姉。姉の言葉が来夢さんの心を動かしたのか、翌日からは何事もなかったかのように、再び塾に通い始めた。

塾では「ずっこけ3人組」に向けての指導が本格化していた。3人まとめて合格させるぞ！　という講師陣の気迫が明らかに感じられた。

当初、別の学校を第一志望にしていた来夢さんだが、ほかの2人が目指す学校がいつしか来夢さんの第一志望校となった。3人で、同じ学校に合格しよう！　お互いにそう励ましあって小6の後半を過ごした。

12月に行われた直前の4教科模試の偏差値は35。直前の模試で合格圏内に入れず、来夢さんは不安なまま受験当日を迎えた。だが、最後の最後で桜は咲いた。来夢さんはその第一志望校の合格を見事に手に入れたのだ。偏差値40台後半、彼女が精一杯頑張ってやっと手が届くかどうかという学校だ。

偏差値上位校に入ることこそが〝受験の成功〟と思っている人にとっては、来夢さんのこの合格に価値は感じられないかもしれない。しかし彼女には、まぎれもなく価値ある勝利だった。3年以上、受験勉強生活で抱え続けた劣等感を払拭することができたようだ、と美佐子さんは感慨深そうに振り返る。

それだけではない。一度は〝逃亡〟までしながらも踏みとどまり、自らの意志で頑張り抜くという粘り強さ。それによって目標に到達できたという大きな自信を、彼女は手に入れたのだ。できないことに背を向けず、自分の力で目標までたどり着いたという達成感は、きっと、これからも彼女の支えになることだろう。

最後に、美佐子さんはこう語ってくれた。

「偏差値底辺で頑張っている家族の方々へのエールになればと思って、今回お話しさせていただこうと、取材に応募しました。二人の娘の中学受験を通じて感じたのは、偏差値上位校に受かることだけが成功ではない、ということです。自分で頑張り抜くという経験ができたこと、子どもにとって大切なのは、間違いなくそのことだったとはっきり言えます」

偏差値の高低という他人との比較ではなく、自分自身で決めた目標にどう立ち向かったか。受験の目的と評価について、そうした認識を親子で共有できれば、大変な受験も、前向きな思いと共に記憶に残るのではないだろうか。

これはきれいごとではまったくない。中学受験は人生のゴールではなく、人生の勝敗は、中学受験で決まるものでもない。まだまだ成長の途上にある子どもたち。中学受験という体験を、親子でどういう記憶にしていくかが、その後の子どもの糧となる。上位校に入学することだけが勝ちではない。中学受験を終えたすべての子どもたちに、あらためて拍手を送りたい。

全国に広がる中高一貫教育

中学受験と聞くと、大都市圏だけの話だと思われるかもしれない。しかし最近はそうでもない。中高一貫教育を合理的な選択肢の一つと捉える動きが出てきたからだ。中学生にあたる年齢は身体と心の両面で大きな変化が表れる。日本ではここに高校受験が重なってしまう。自分の身体と心の成長の波に向き合いながら、受験という荒波を乗り越えていかねばならない。6年一貫教育は高校入試が基本的にはないため、成長の波にじっくり向き合うことができる。

学習面でもメリットはある。高校受験する場合、中学3年時は受験に向けて、「中学課程の復習」に相当の時間を取られる。一方、一貫校の場合は、「受験のための足踏み（復習）」は必要ないので、中学3年の早い時期に中学課程を終わらせ、そのまま高校課程に進める。

このリードを活かし、高校2年時には高校課程を終えてしまう一貫校も多い。つまり「大学受験の準備（勉強）」に1年間以上、たっぷり時間を使えるのだ。このメリットは大きい。しかし、通常の3年制高校では、そうはいかない。入学してからが高校課程の始まりで、その後も生徒の学力に応じた進み方しかできないからだ。私が取材した中には、3年間では大学受験に必要な範囲の学習さえ終わらなかったというケースもあった。

悲しいことに最近は小学校でさえこうした事態が起きている。その学期に学習するはずの学習範囲について、終わらせることができなかったことを詫びる手紙を受け取ったという家庭もあった。こうした事態が増えてくると、保護者は公立学校の質の低下を疑わざるをえなくなる。コロナ禍での公立校の対応の遅さが中高一貫校受験を後押ししたという見方が中学受験の専門家の間で聞かれたが、それ以前からあった公立学校教育への不安感や不信感がコロナによって爆発したとも言えそうだ。

もう一つ、中高一貫校との相性がいいものに探究学習がある。日本には学校教育の基本を定める学習指導要領というものがある。学習指導要領は時代に合わせた教育を推進するため、およそ10年ごとに改訂が行われる。10年ぶりに行われた今回の改訂では、探究学習がかなり重視されることになった。探究学習とは、子ども自らが課題を見いだし、それを解決するための方法を考えたりする中で学びを深める学習のため、国語、算数、理科、社会といった教科別の学習ではなく、教科を横断した学びに繋がる。教科学習で身につけた基本の知識を世の中で生きるためにどう生かすかを学ぶ場とも言える。

ただ、この探究学習には教員の指導力が欠かせない。従来の教師が教えて生徒が聞くという講義形式の学びは通じず、教師は子どもたちのやる気を起こさせ、探究学習へ導く船頭としての役割を担うことになる。基本的な学びの定着はもちろん、話し合いを円滑に進め、出された意見をまとめていくことで相互理解を促すファシリテート力も必要になる。通常の暗記型の学びと違い、子ども自身が試行錯誤を繰り返すことも大切なため、時間もかかる。高校受験を控える中学生にとっては受験勉強がつきまとうため、時間が限られてしまう。その点、中高一貫の場合はエネルギーを高校受験に取られることがない。じっくりと腰を据えて探究学習に取り組むことができるのだ。

6年一貫教育のメリットを考えて、公立中高一貫校が各地で開校している。2024年の時点ですでに全国42の都道府県に公立中高一貫校がある。「県立王国」として名高い愛知県も2025年の開校を発表、開校すれば公立中高一貫校がないのは5県のみとなる。

公立中高一貫校には設置の意義がそれぞれにある。私立との大きな違いは公立の学校としての意義だろう。住民の支払う税金を使って運営する学校のため、公としての役割を担わなければならない。教育政策に詳しい東京大学・鈴木寛《ひろし》教授は私が以前取材した際、公立中高一貫校の場合は「教育の質」「教育の多様性」「学校へのアクセス」の3つの視点が大事だと話していた。地方の場合はこの3つが当てはまりやすい。2025年に開校の決まった愛知県を例に見てみよう。

愛知県は東京、神奈川、大阪に次ぐ人口を有する県だ。しかし、これまでも私立の中高一貫校はあったものの、そのほとんどが名古屋市を中心とするエリアに集中していた。県教育委員会の発表した資料を見ると、中高一貫教育校（併設型）の設置が決まったのは11校。第一次導入校として2025年に明和高校、半田高校、刈谷高校、津島高校の4校に中学校を併設、2026年に残り7校を増やすことになっている。11校の設置目的がなかなか面白い。

探究学習に主眼を置くいわゆる進学校型の学校もあるのだが、もともと音楽コースのあった明和高校は中学募集でも音楽コースを設けている。設置されれば公立としては全国初の中高一貫音楽コースとなる。また、第二次導入校に入る日進高校の付属中学は、不登校経験児童の受け入れ先としての役割を担う。外国ルーツの子どもの多い西三河地域には日本語指導もカリキュラムに入れた学校にすることになっている。これらは多様な学びの充実に繋がる。

設置される学校のある地域について、アクセスという視点で見ると、二つの格差の解消が見えてくる。設置の決まった刈谷や時習館のある三河エリアにはこれまで私立の中高一貫校が2校あるのみで、6年一貫教育に魅力を感じても、通学と経済面がネックとなり、通える家庭は限られていた。公立中学のアクセスには、家庭の経済的状況によらずチャン問3　ちはやさんは、さといもの煮物《にもの》をつくるために、鍋《なべ》に水を入れて火にかけました。しばらくすると、水がふっとうし、水の中から大きなあわが出て、湯気が見えました。

この現象や水の温度と重さの関係について説明した次の文中の（　A　）、（　B　）、（　C　）のそれぞれにあてはまる語句の組み合わせとして最も適当なものを、下のアからクまでの中から選びなさい。

> 水がふっとうしているときに出ている大きなあわは、水蒸気《すいじょうき》です。水蒸気《すいじょうき》が空気中で（　A　）液体の水になり、水の小さな粒《つぶ》として目に見えるようになったものが湯気です。水蒸気《すいじょうき》が湯気になることと同じような現象として、（　B　）ということがあげられます。
> また、同じ二つのコップに、60℃の水と10℃の水を、それぞれ同じ体積になるように入れて重さを量ると、（　C　）の水の方が重くなります。

	A	B	C
ア	あたためられて	干《ほ》していた洗濯物《せんたくもの》がかわく	60℃
イ	あたためられて	寒い日にまどの内側が結露《けつろ》する	60℃
ウ	あたためられて	干《ほ》していた洗濯物《せんたくもの》がかわく	10℃
エ	あたためられて	寒い日にまどの内側が結露《けつろ》する	10℃
オ	冷やされて	干《ほ》していた洗濯物《せんたくもの》がかわく	60℃
カ	冷やされて	寒い日にまどの内側が結露《けつろ》する	60℃
キ	冷やされて	干《ほ》していた洗濯物《せんたくもの》がかわく	10℃
ク	冷やされて	寒い日にまどの内側が結露《けつろ》する	10℃

〔正答〕
ク

愛知県教育委員会が公表した適性検査サンプル問題より

スがあるという意味もあると思うが、この点でも選抜方法に工夫が感じられる。東京の公立中高一貫校では記述式の問題があり、この対策講座を開講する塾があるほど競争が過熱している。だが、愛知県の公立中高一貫校の問題は選択式のみのため、受検対策の負担が少なくて済む。

三河エリアは面積も広く、場所によっては通える範囲に塾がないという地域もある。最近はオンライン塾などもあるため、これを使う家庭は出てくるだろう。選択式の問題は高額な塾代を払わなければ突破できないほど難しいものではなく、家庭学習でも十分に対応できる。そうした地域に暮らす家庭としてはとても助かる。

愛知県の事例のように、地方の公立一貫校には設置の意義がわかりやすいところが多い。しかし東京では公立としての意味が見えづらくなってしまった。東京都の公立中高一貫校は都立10校、区立1校の計11校、このほかに国立大附属などがあるのだが、合格者のほとんどが中学受験専門の塾に通い合格を手にしている。試しに都内で公立中高一貫校の塾として有名になったエナ（ena）の状況を見てみよう。同塾が公表している２０２４年の都立中高一貫校合格者数は１１０６人。そして、都立10校の募集定員は全体で１５７４人。これをベースに割合を出すと7割超えとなる。

ただ、公表されている情報には、都立中高一貫校合格者数と大々的に書かれているが、脇に小さく「千代田区立九段含む」と書いてある。都立として一括りに思われがちの九段中等教育学校は区立のため、都立の募集人数合計には入っていない。ここを見落とすと合格者割合が変わってくる。実際は小さな表記のある区立九段中等教育学校の定員160人を加えて計算しなければならない。すると、割合は変わり64パーセントとなり印象も変わる。とはいえ、エナが公表している個別の学校の合格者数を見ると、中には合格者の8割がエナの塾生という学校もあった。

公立中高一貫コースを設けているのは同塾だけではない。他塾からの合格者ももちろんいる。エナと同じく公立中高一貫受検向けのコースを展開する栄光ゼミナール各校の合格者数を合わせただけでも7割を超えてくる。つまり、公立といえども合格する子の多くが、どこかしらの塾に通い合格を手にしていることになる。通塾にはもちろん塾代がかかる。塾代は結局、私立受験のコースとさほど変わらない。公立とはいえ塾代が払えるだけの経済的基盤のある家庭の子が有利な状況となってしまった。私立と違い、安い学費で学ぶことのできる公立は、家庭の経済的事情によらず一貫教育を受けられるチャンスの場でもあるはずなのだが、とかく東京では難しい。

恵まれた家庭が挑戦する公立中高一貫

こうした流れの中、受検家庭の動向にも変化が見られる。以前は公立中高一貫校のみを受検し、落ちたら地元公立中学へという家庭も多かった。しかし最近は、私立中高一貫校との併願も増えてきた。併願する理由の一つに入試制度の問題がある。都内にある都立、区立の中高一貫校の場合、出願できるのは1校のみ、受検回数も1回のみだ。小学校の成績が書かれた報告書（調査書）の提出も必要で、各校では報告書を持ち点として当日の適性検査の点数を合算し合格を決めて行く。学校の成績が悪ければ合格は遠のく。試験一発勝負でないことは、日頃の努力を見てくれるというプラスの面もあるが、適性検査はできそうだが学校の内申点はそれほどでもないという子にとってはなかなか厳しい戦いとなってしまう。

東京の中学受験コースのスタート時期は大抵が小学3年生の2月。集団指導の大手塾では、2月が新学年のスタート時期となっているからだ。これは、都内の中学受験が2月1日を皮切りに始まるため、ここから逆算して3年前の2月をスタートにしているのだ。本書の中にも小学1年生から通塾を始めた家庭があるが、これも稀な話ではない。通常3年、長くて6年という間、時間とお金を費やして挑戦する中学受験だ。1回しかチャンスがないのはもったいないと思うのも親としては無理もない。少子化の中、私立学校側には公立中高一貫校を目指して来た子を取り込みたいという狙いもある。このため、公立中高一貫校が行う適性検査型入試に似た試験を実施する学校も増えてきた。中には、説明会の席で堂々と「公立中高一貫を目指すお子さんも受験しやすい入試のため、力試しになります」と話す学校もあるほどだ。

公立一貫校の受験を「受検」と書くのはなぜ

中学受験には「受験」と「受検」という表記があることは前述した。初めて見る人からすると、ただの表記ミスのように感じてしまうが、この表記の違いには理由がある。実は、公立中高一貫校は文科省令の学校教育法施行規則によって、入学者の決定にあたって学力検査を禁止されている。中高一貫校の場合、義務教育課程である中学が含まれるため、公立校の役割として、国民の教育を受ける権利の実現という役割があるからだ。このため、各校は入学試験（入試）とは言わず、適性検査と呼んできた。入試ではなく検査なので公立中高一貫校は「受検」と書くというわけだ（ちなみに、文科省のいう「中高一貫校」には、中学課程と高校課程がまとまって一つになっている「中等教育学校」、既存の高校や中学校に付属としてつける「併設型」、地域にある中学校と高校を連携させる「連携型」がある）。

公立中高一貫校の受検は入試ではないと言われるものの、実際は入試と変わらない。公立としての役割を担うことに重きを置くのなら、検査方法を変えるという手もあるだろう。

例えば、特色入試はどうか。中学受験において特色入試を初めて導入したのは男子校の名門、立教池袋中学校と言われている。2025年度の募集要項にも第2回入試でAO入試という記載がある。出願時に自己アピール申請書を提出、当日は国語と算数の試験に加えて自己アピール面接がある。ここでは自分の強み、小学生時代に打ち込んできたことをアピールすることもできる。過去にはピアノの腕前を披露した子どももいた。

また、レゴブロックを使い思考力を試す入試を行う学校も出てきている。インターネットで「中学受験」「特色入試」と打ち込んで検索するといろいろな事例が出てくるので参考にしていただきたい。こうした特色入試は塾での学習による準備というよりも、家庭で取り組めることのほうが多い。家庭の経済的状況にかかわらずチャンスを与えることを考えた場合、公立中高一貫校の選抜でも方法はいろいろとあるように思う。

障害をもつ子の中学受験

私の取材した中学受験家族の中にはさまざまな事情を抱える人がいた。小学校でいじめに遭ってしまい、中学は別の学校に行かせたいという家庭もあった。最近特に声が寄せられるのが発達障害など、特性をもつ子の中学受験についてのエピソードだ。発達障害についての本は専門家の方々がたくさん出しているので、そちらをお読みいただければと思う。不登校同様に発達障害も子どもによって度合いや特性も違うため、一括りにすることは難しい。

これから紹介するケースはいずれもギフテッドと呼ばれる子どもたちだ。一つは、早い段階で治療に入り、順調に生活を送れている家庭、もう一つは、子どもに特性があることを受け入れられなかった家庭の結末だ。子どもの特性を受け入れて進んだ家庭とそうでなかった家庭の明暗をお届けする。

エピソード13　早期治療により難関校へ進学

都内の落ち着いた住宅街に暮らす三木さん（仮名）一家。一家が長男の陸君（仮名）の教育について悩み始めたのは、近くの幼稚園を卒園し、地元の公立小学校に上がってからのことだった。

「地元の幼稚園には何の問題もなかったですし、地域的にも落ち着いているエリアです。それなのに、まさかこんなに学校が荒れているなんて、思ってもいなかった」

そう話すのは母親の小百合さん（仮名）だ。

穏やかな地域環境であることと、問題児が少ないことは別の問題だ。一学年の児童数が少なく、アットホームな雰囲気だろうと入学したところ、1年生の段階でクラスが荒れ始めたという。

「お前の目に刺してやる！」

そう言って陸君が目につきつけられたのは、名札を留める安全ピン。まだ学校生活に不慣れな1年生だからと見守っていたが、学年が上がってもクラスの荒れた雰囲気は変わらなかった。

保護者への学校公開日に教室を訪れても、荒れた様子がうかがえた。授業中に先生の話などそっちのけで雑談ばかりしている子どもたち。2年生、3年生と学年が上がっても、学級崩壊のような状況が続いた。あるときは授業中にもかかわらず、ケンカが始まったという。

「担任をもった先生は途中でやめてしまう方も多くて、先生方も大変だったと思います」（小百合さん）

中学受験をして外へ出たほうがいいかもしれない――。両親はそう考えるようになった。加えて、陸君の成績の良さも受験を考えるきっかけとなった。陸君は幼稚園時代から花まる学習会という教室に通っていた。都会暮らしの家庭から人気を集めるこの教室では、自然と触れあうイベントなども行われている。三木家が入会を決めたのも、そんな体験学習に惹《ひ》かれてのことだった。

花まる学習会以外は自宅で特別に勉強をしていなかったが、小学1年生の時に軽い気持ちで受けさせた四谷大塚の全国模試で、陸君は全国3位の成績を取った。すると塾から連絡が入るようになる。

「特待生としてうちの塾に通いませんか？」

「お子さんの成績なら難関校が狙えます。特待生になると授業料もかからない。どうでしょう？」

そう言われたら親ならば悪い気はしないだろう。本人と塾の見学に行き、入塾を決めた。

陸君にとっては荒れ放題の学校に比べ、塾は居心地のよい空間にもなった。低学年のうちは週1回の通塾で、授業も淡々と進んで行く。何の問題もなく、通塾は日常に溶け込んだ。だが、中学入試に向けてのクラスが見え始めた3年生あたりから、小百合さんに迷いが生まれた。

塾に不満はない。それは、母親の勘でしかなかったのだが、小百合さんから見ると、陸君にとっては授業が淡々としすぎているような気がしたという。自宅から通える塾をいくつか見学するうちに、都内2カ所に教室のある難関校受験専門の塾に出合う。見学に行くと、大学受験予備校ばりの熱血講師がテンポよく授業を進めていた。

帰り道、すぐに口を開いたのは陸君のほうだった。

「電車に乗って行くことになってもいい！　お母さん、僕この塾に通いたい！」

力強く話す陸君の様子に、小百合さんは転塾を決めた。

塾での勉強は陸君の好奇心をかき立てるものだった。一方で、学校は相変わらずの荒れ具合。そのうえ、少しドジな面のある陸君は友達にからかわれることも増えていた。忘れ物が多く、クラスでも担任からたびたび注意を受ける陸君に、「お前、また忘れたのかよ〜（笑）」と、馬鹿にする級友たち。陸君は「いつか見返してやる」と思っていたという。

5年生になると通塾日が増え始めた。塾自体は嫌がることなく通っていたが、冬休みが明ける前日、陸君の身体に異変が起こった。

「ゴホ、ゴホ」

と、咳《せき》が始まったのだ。

病院に連れて行ったが「風邪かなぁ」と言われるだけで、両親も深刻には受け止めなかった。ところが、学校が始まると今度は「お腹が痛い」「夜、眠れない」「頭痛がする」と、次々と新たな症状が現れた。そして、とうとう勉強にも支障が出始めた。

ある模試の日、受けると言って出て行ったはずの陸君は、会場にいなかった。塾から知らせを受けた小百合さんが本人に問いただすと、近くのビルのトイレで3時間過ごしたという。

その頃になると、成績順に決まる塾のクラスも下がってしまった。それまで、二番手クラスを守っていたのが五番手クラスに降格、体調も日に日に悪くなり、小学校も保健室登校の日が続いた。何かストレスからくる病気だろうか……そう考えた小百合さんは、専門医を探すことにした。

受診にたどり着くまでは、思った以上に時間がかかった。インターネットで情報を集め、こうした症状を診てくれる小児科外来にいくつも連絡をとったのだが、いずれの病院も予約が埋まっているため、すぐには診られないという。一番連れて行きたいと思ったC病院にいたってはなんと3カ月待ちの状態だった。そこで、別の病院の予約も同時進行で行い、3つの病院を予約した。

最初に受診日がやってきたのはA病院だった。問診、診察の結果、医師から言われたのは「自閉症スペクトラム」ではないか、ということだった。

これは、発達障害の一つで対人関係が苦手で、強いこだわりをもつのが特徴だ。まずは検査をと言われ、予約することにした。しかし、小百合さんはこの病名はしっくりこなかったと言う。

「自閉症スペクトラムの場合、目を合わせない、友達と遊ぼうとしないというようなことが特徴として本などに書かれていたのですが、強いこだわりがある以外、陸にはどれも当てはまらなかったんです」

陸君はむしろ友達と遊ぶのは大好きだった。机に足をよくぶつけることは気になっていたもののコミュニケーションはとれていた。そのため、予約のとれていた別の先生の意見も聞いてみようと、ほかの二つの病院も受診してみることにした。

2番目に訪れたB病院では、ストレスによる「うつ」だと言われた。受験で強いストレスがかかっているため、前頭葉が疲弊して、自律神経が乱されて咳が起こるということだった。処方されたのは自律神経を整える薬。服薬を始めてみると、確かに、改善が見られた。このB病院の受診の頃にやっとA病院での検査の順番が回ってきた。この検査では知能検査も行われた。俗に言うIQ値を測るテストだ。結果、陸君はIQが130を超えるギフテッドであることがわかったのだ。

その後、これまでの経過と検査結果を携えて、ようやく順番が回ってきたC病院を訪れると、

「息子さんはギフテッドであり、不注意が強い傾向のADHD」だと診断された。

ADHDと言うと、多動症などが思い浮かぶが、症状は子どもによりさまざまだ。陸君の場合は多動傾向は見られず、注意欠如が出るタイプだった。

「普通のお子さんと本当に変わりなく過ごしていて、ちょっと手のかかる男の子くらいの程度に思っていました。まさか、ADHDだとは思いもよらなかったです。でも言われてみれば、納得できる部分が多くありました」

症状を緩和する薬を飲み始めると、陸君の体調は落ち着き始め、学校にも行けるように

なった。そればかりか、忘れ物をする回数も激減し、机に脚をぶつけることもなくなった。

そして、テストでよく見られていたうっかりミスも減ったという。

成績も上がり始めた頃、受験の正念場、小学6年の冬がやってきた。それまでは特に行きたい学校もなかった陸君だったのだが突如として、

「僕、早稲田に行きたい」と言い始めた。

「それまで、塾の面談ではずっと国公立を中心に話していました。今から私立の付属校狙いに切り替えて間に合うのかが不安でした」（小百合さん）

塾の担当講師に話をすると、むしろ、陸君には問題の傾向が合っているという返事をもらい、急遽、早稲田の受験を決めた。

だが、ここからさらに山がやってくる。過去問を解き始めた陸君の様子がおかしいのだ。

「なんでこんな問題ができないんだ！　なんでだ、なんでだ!!」

叫びながら何度も自分の足を叩く陸君。合格点に届いていても、100点が取れないことを激しく悔しがるようになった。そして、入試直前にもこの爆発は起こった。

「大丈夫だよ」

と声をかけるしかない小百合さん。母親がいくらなだめても爆発はなかなか収まらない。

小百合さんの心も折れてしまった。

「こんなになるなら、中学受験、やめようよ」

思わず口にした言葉に陸君はさらに激昂《げきこう》する。

「わーーー」

と声を上げたかと思うと、大きな声で泣き始めた。

「お母さんは僕の気持ちなんかわからないんだ。僕がどんな気持ちで学校に行っていたか。僕がどれだけ悔しいか!!」

陸君は家を飛び出した。発見できたのは1時間後のことだった。陸君には陸君なりの思いがあった。

〝いつも「ドジだ」と自分を馬鹿にする同級生を見返してやるんだ〟

〝僕は勉強ができるってことを見せてやるんだ〟

〝頭がよいと同級生にわかってもらうためには、彼らが名前のわかる中学がいいな。よし、早稲田に入ろう〟

陸君はそうして気持ちを奮い立たせるようにして学校に行き、生活してきたのだった。

そんな気持ちでいた陸君に、親の「受験をやめよう」という言葉は予想外に激しく刺さってしまったのだろう。

父親と二人、見つけた陸君をなだめながら帰路に就いた小百合さんは覚悟を決めた。そんなにやってみたいのなら、気が済むまでやらせてやろう。塾とは別に家庭教師も雇い万全の態勢を整えた。

「家庭教師は、当たり前ですが、その子一人を見てくれますから、息子のこともよくわかってくれて、上手に気持ちを乗せていってくださいました」

頼ったのは学生バイトの家庭教師ではなく、指導経験豊富なプロの家庭教師だった。

「この問題ができているから、間違いなく合格するよ」

「ほら、こんなに点が取れるようになった。合格最低点を大きく超えているから大丈夫だよ！」

陸君の不安を包み込むように丁寧に言葉をかけてくれる家庭教師。もちろん、それだけ費用はかかったが、陸君は入試直前までメンタル的にも家庭教師に支えられ、受験当日を迎えることができた。長かった緊張の日々。試験を終えて校門に現れた陸君は晴れ晴れとした顔をしていた。そして見事に第一志望だった早稲田の附属中学から合格をもらった。

「日本の公立学校では、落ちこぼれを救うためのケアは講じられています。しかし、わが

家のような〝浮きこぼれ〟に対するケアは、ほとんどありません」（小百合さん）

学力で入学が決まる私立中学は、同じくらいの力を持った生徒が集まる場でもある。大学付属校の場合、それぞれの興味関心に合わせた特別講座などもふんだんにある。この環境で思う存分に学んでほしい、それが今の小百合さんの願いだ。最後に小百合さんはこう話した。

「ギフテッドの子をもつ家庭の中には、最適な環境を求めて海外に引っ越すケースもあります。国内での環境が整うことを願ってやみません。そして、こういう子たちがいることを、まず皆さんに知っていただきたいです」

アメリカではギフテッドの子のためにつくられたプログラムで授業をする学校も存在する。だが日本では、行政側の理解が追いつかず、環境が整わないばかりに「不登校」になってしまう子もいる。日本のギフテッドの子どもたちがクラスになじめず、厄介者として扱われたりすることなく、存分に力を発揮できる場が整うことを願いたい。

エピソード14　発達障害を受け入れられなかった父親

最寄りのコンビニまでは徒歩30分以上、のどかな田園風景が一面に広がる。

地方にある全寮制の中高一貫校に通う山内哲平君（仮名・当時高校生）。神奈川県出身の彼は、中学入試でＭＡＲＣＨ（明治大学、青山学院大学、立教大学、中央大学、法政大学）の付属に見事合格したのだがのちに退学。親元から遠く離れたこの学校に転校した。

「幼児期から〝この子はほかの子とは違います〟と保健師さんから言われ、支援グループに参加することもありました」

そう話すのは哲平君の母親の香織さん（仮名）。

哲平君は、幼少期に発達障害の検査を受けたが、結果はボーダー。障害とは認定されなかった。ただし、平均より8カ月ほど遅れが見られると言われ、母親は哲平君とともに毎月、児童相談所に通った。

だがその後、家族の事情で小学校受験をすることに。ここから哲平君の人生は思いもよらぬ方向に動き出していく。

哲平君が年少のときのこと、母親の香織さんに異変が起きた。乳房にしこりが見つかったのだ。医師の診断を経て経過観察をしている数カ月のうちに、病気は進行。あるとき帰省先の九州でしこりが大きくなっていることに気がつき病院に行くと、余命1年と告げられた。

「乳がんで、すぐに治療を始めなければ余命は1年と言われました」

病気の進行が早く、決断を迫られた香織さんは、長男の哲平君を神奈川へ戻し、哲平君の2歳下の娘と2人で九州に残ることを決めた。幼い子ども2人を見ながらの闘病は厳しいという医師のアドバイスに従ってのことだった。

神奈川に戻った哲平君の面倒は、夫の両親や姉が泊まり込みで見てくれた。結局、香織さんが神奈川の自宅に帰るまでには約1年がかかった。自宅に戻ると、哲平君は夫の家族の判断で、小学校受験をする子の多い幼稚園に入園していた。後でわかったことだが、「ボーダー」と言われた哲平君に必要な療育と、お受験のための学習はとても似ており、確かに彼には合っていた。動物のカードなどを使ってする動物当てクイズなどは療育で行うグループワークと似ていた。

「私の知らない間に哲平はお受験の教室にも通い始めていました。習い事として始めさせたとのことでしたが、夫とも話し、中学受験は息子には大変そうだから、大学まである小学校にお世話になろうかと、大学付属の小学校受験をすることにしたんです」

結果は合格。しかし、小学校に入ると、ほかの子どもたちとの違いが目立つようにもなった。とにかく集団で同じことをやるのが苦手。ノートを取ることにも苦労した。

それでも、哲平君のそんな特性を担任や、世話好きの級友たちが理解してくれ普通学級での生活を送れていた。哲平君は学校生活を楽しみ、3年生では学級委員に選ばれるほどに。ところが、その頃から友達からいじめられるようになったという。合唱コンクールの練習などでひな壇に上がれば後ろから蹴られ「お前は先生の犬だ」などと中傷される。耐えかねた哲平君は、テスト用紙に「ぼくはいじめられています。たすけてください」とつづった。学校側との話し合いももたれたが、こうした言葉による小さないじめは4年生まで続いた。

「担任の先生が盾になって息子を守ってくれたこともありました。5年生に上がる面談では、いじめている子とは違うクラスにしてほしいと伝えたところ、希望通りになりました」

これで安心と思えるはずだった。だが、不幸にも、ここでボタンの掛け違いが起こってしまった。

5年生で担任となったのはまだ経験の浅い教師だった。担任教師はこれまでの担任たちとは異なり、哲平君の性質を特性と見ることはせず、手厳しい指導をした。成績的には系列中学に上がれるだけの成績を上げていた。だが、担任教師は、彼の協調性のなさや、宿題をやってこない態度が気に入らなかった。この担任のクラスはほかのクラスよりも宿題も多く出ていた。だが、哲平君がそれに対応するのは困難を極めた。そして、行われた保護者面談。

「私が推薦状を書いても、この協調性のなさでは送った先からなんで推薦してきたんだと言われてしまいます。他校へ移ることを考えてください」

担任教師は母親にそう詰め寄った。

大学まで安泰と思っていた山内家にとってはあまりに大きなショックだった。

香織さんは急いで受験塾を探した。入塾したのは臨海セミナー。しかし、手応えは今ひとつ。そこで、夏期講習は地元では有名な個人経営の塾に。だが、夏休み明け前の面談で「うちでは引き受けられない」と塾側から言われてしまう。理由は、宿題をやってこないからというものだった。

「学校の宿題をやりつつ、うちの塾の受験勉強についていくのは難しいと言われました。

今の私立小をやめて、公立小に移るのなら引き受けますということだったので、さすがにそれはきついと、諦めたんです」

臨海セミナーに通うことにし、中学受験へ突入した。香織さんも必死だ。がんとの闘いも続くなか、自宅から1時間圏内の学校はすべて見学するつもりで回った。5年生の夏休みから足を運んだ学校数は26校にも上る。その中から選んだのはやはり大学の付属校。本人の「共学校がいい」との希望も考慮し、志望校を選んだという。

5年生の夏期講習以降、成績も安定し、十分に中学受験に立ち向かえる学力をつけていた。志望校に据えたのは難関私立大学の付属校と、推薦をもらえなかった現在通う小学校の系列校など6校。

オレの息子が普通でないはずがない

結果は第一志望の明治大学付属明治中学校以外はすべて合格。ここで、父母間で意見の対立が起きる。母親の希望としては、もともと在籍してきた小学校の系列校に行かせたかった。ところが父親は、それに反対。別に合格をもらった難関私立大の付属校のほうがネームバリューや総合大学だという点で勝っているというのだ。

「元の系列校なら、小学校から息子を知っている子たちが一定数います。私は、その中で温かく見守ってもらうほうがいいと思ったのですが、結果的に夫の意見に従う形になりました」

この決断が誤っていたと気づくのは、入学してすぐのことだった。入学後、ゴールデンウィーク明けには毎週のように学校から電話がかかってくるようになった。

「お宅の息子さんは普通じゃありません。検査を受けてください」

学校側からの電話は、大筋この内容だった。この学校も宿題が多く、哲平君はそれをこなせていなかった。そのために大好きな部活動にも参加できない状態が続いていた。哲平君は小学生の頃からブラスバンド部に所属、パーカッションを担当しており、かなりの腕前になっていた。中学でも演奏ができる部に入部したが、同校には宿題が終わらなければ部活動に参加できないというルールがあったのだ。

「試験を受けるのは大好きで、中学受験のときも模試は苦にすることはなく、どちらかというと〝もっと受けたい〟と思うタイプで得意だったんです。でも、普段の学校ではノートを取ることが苦手で、宿題をやるのも難しかったのだと思います。小学生の頃は学校の手厚い見守りのおかげで、幼少期にボーダーだと言われていたことが見えにくくなっていたのかもしれません」

学園祭で部活の演奏を見に行くと、哲平君だけが舞台の隅で立っていた。部活への出席が少なかったため、パートを与えてもらえなかったのだ。学校側は「とにかく検査を」と言う。香織さんはすぐにでも受けさせたかったが、ここでも父親が立ちはだかった。

「オレの息子が普通でないはずがない。検査なんて必要ない！」

と、夫は検査を許さなかった。

検査をしないと学校に伝えると、学校から毎日のように家に連絡が入るようになった。

「〝今日はこんなおかしい行動がありました〟〝今日はここがヘンでした〟〝学校での様子を見に来てください〟と、毎日毎日言われるんです。電話が鳴るのが怖くなりました」

と香織さん。

こうして、一人授業参観のように、香織さんだけが教室で様子を見学する状態が続いた。子どもの発達障害について、親が受け入れられないケースが多いという話は教育関係者からよく聞くが、山内家の父親はまさにその典型だった。教員たちも慣れないことで、緊張の日々が続いていたのだろう。ある日、教科担当の教員が哲平君に暴言を吐いてしまう。手のかかる哲平君の席は教卓の前。授業中に隣の友達と小声で話をしていたところ教員

から注意された。哲平君が口答えをしたのだろうか、教員は、

「おめーが普通じゃないんだよ!!」

と、哲平君の机を蹴ったというのだ。

後日、学校側との話し合いの場において示されたのは「口調はそのような言い方ではなかった」というものだったが、哲平君の耳には強烈にそう響いた。

哲平君は学校に行きたがらなくなり、ある日、電車に乗ったまま、まったく違う駅に降り立ち迷子に。たまたま電話に出られなかった香織さんに代わり、学校側は父親の勤務先に連絡を入れた。哲平君を見つけたのは父親だった。この騒動の後、哲平君はさらに学校を休みがちになった。

「お父さんに言われたからこっちの学校を選んだけれど、自分はどちらでもよかったんだ!」

好きな部活動にも参加できず、教師からは変人扱いされる学校。哲平君は家の中で、不満を叫ぶようになっていった。

結局、父親が検査を許可したのは秋も深まる頃だった。11月から各種検査を受け始め、結果が出たのは翌年の1月、診断はＡＤＨＤだった。

診断結果を学校に知らせると、中学は卒業できたとしても、付属高校へは上がれないと告げられた。

「クビ宣告ですよね」

香織さんはそう表現する。

学校に行かない日々が続く中、哲平君は妹や母親に手を上げるようになった。このままではいけない……そんなとき、以前友人に教えてもらった学校を思い出した。発達障害などの特性をもつ子の受け入れもしている学校だった。ただし、ここは全寮制だった。中学生で親元から離すことにはためらいもあった。だが、今の状態がエスカレートすれば、家庭内暴力へと発展する可能性もある。

迷いはいろいろとあったがまずは、哲平君を連れて見学してみることにした。初めは「こんな田舎はいやだなぁ」と後ろ向きだった哲平君だったが、優しい在校生たちの姿と活発な部活動に惹かれ「高校卒業までの限定なら、ここでやってみようかな」と前向きな気持ちへと切り替わった。

高校では憧れの部活にも入りたいと意欲を燃やす。

「彼を受け入れてくれた今の学校には本当に感謝しています。中学受験は偏差値、ネームバリューを気にしがちですが、子ども本人の直感のようなものを大事にしてあげることも必要だと思います。わが子の経験からお伝えできるのはそのくらいです」

と香織さん。社会に出るときのことを考えて、ネームバリューのある大学へ進学させたいと願うのも親心だろう。しかし、山内家が最後にたどり着いたのは、そのままの息子を受け入れて伸ばしてくれるかどうか、という基準だった。

子どもの人生は子どものもの。親の人生ではない。親の基準で学校を決めた場合に、その影響を受けるのは、ほかならぬ子ども自身だ。哲平君にとってはあまりに過酷な数年間だったが、今やっと彼は穏やかで前向きな学校生活を送っている。テストは大好きだという哲平君はこの全寮制の学校から東大を目指している。

幸せな学校生活の行方

中学受験の道を選んだ家庭にとって、志望校選びは骨の折れるものとなる。東京都だけで受験をして入る中学校は180校以上もあるうえに、交通網の発達で隣県への通学も可能な場合が多いからだ。中学受験は登山にたとえられることがある。受験と聞くと、偏差値の高い順に上から学校を並べ、頂点を目指すようなイメージをもつ人もいる。だがそのようなイメージで中学受験に臨むのは危険だ。体と心の成長過程にある時期を過ごすのが中高一貫校なのだから、偏差値だけで志望校を選ぶとあとで悔やむこともある。

そもそも、中学受験の偏差値は、高校や大学受験の指標に使う偏差値とはやや違う。なぜなら、塾などに通い、中学受験を目指す子どもたちだけが受けている模擬試験の結果を基に算出されるものだからだ。高校入試や大学入試とは母集団の質が違う。偏差値40以下の学校であっても、入試に向けての勉強をせずに合格を手にすることはかなり難しい。中学受験の学校偏差値を、高校受験と同じように考えるなら、出ている数字プラス10で考えるとよいなどといわれるのはこのためだ。中学受験は学校偏差値を基準にした山の頂を目指すものではなく、各校それぞれを山に見立てて、いかに登っていくかで考えたほうが入学後の学校生活も幸せになる。もちろん、合格をもらった学校は縁をもらった学校なのだから、一度は入学を検討することも悪くはない。その際には必ず校風なども見てほしい。校風は、学校を訪れないとわからないものも多いため、できれば、いろいろな学校に足を運んでほしい。学園祭など行事に行くと、素の生徒の様子を見ることができる。そのときに出会った在校生に子どもが憧れて、志望校が決まり前向きに受験勉強に取り組めるようになったというケースもあった。最初に紹介した全落ち少年のように、受験で初めて知った学校に入学し、幸せに過ごせたというケースもある。だが、見落としてはいけないのは、この家庭は受験当日に学校説明会を受けており、温かく出迎えてくれた校長の姿に触れていたことだ。「合格したから」というだけで入学を決めたわけではなかった。一方、校風を考えずに入学してしまったことを悔やんだという家庭がある。取材当時はみんなが憧れる偏差値上位校の合格をとても喜んでいた。しかし数年後、少女はその中学校をやめ、公立中学校に移っていった。

エピソード15　偏差値重視で入学を決めた少女の結末

阿部葉子さん（仮名・当時中学1年生）は東京からの通学者も多い神奈川県にある偏差値60超えの洗足《せんぞく》学園中学に合格、進学後は大好きなダンスを習い、休みの日には友達と原宿に出かけて街歩きを楽しんでいた。まさに、順風満帆な学校生活。だが、この日々を手に入れるまでには、多くの関門を乗り越えてきた。そこには「女子ならでは」の難しさもあった。

葉子さんの受験生活は、一般の子よりもかなり長かった。通常、中学受験をする子は小学校3年の2月に集団塾に入るのが王道だが、葉子さんは幼稚園受験と小学校受験の経験者。母親が、母校の青山学院中等部に通わせたいと考えたことがきっかけだった。母親の知子さんが振り返る。

「いま考えると親のエゴだなと思うのですが、どうしても同じ青学に入れてやりたくて、小さい頃は1時間かけて渋谷のお受験塾に通わせていました。本人も嫌がる様子もなく、むしろ楽しそうに通っていました」

ところが、幼稚園受験は不合格、続く初等部受験でも縁はもらえなかった。週に1、2回の通塾で、月謝は10万円ほど。どこの家庭でも、最初の子には手も目もお金もかけがちになる。幼児のときからそれだけ教育費にかけられるというのは、もちろん持てるもののなせる業《わざ》だが、これもわが子に最善の環境を、と願う親の愛情表現の一つの形。また、ここ東京では、教育にお金をかける選択肢には事欠かない。

小学校受験を終えたのち、知子さんが「このままお勉強は続けたい？」と聞くと、「うん」と即答した娘。「中学受験ならサピよ」と、周りのママ友に勧められるままに、小1からサピックスに入塾した。

サピックスといえば、首都圏の受験の世界では知らない人はいない有名塾。男女御三家をはじめ、毎年多くの塾生を偏差値上位校に合格させる中学受験塾界の名門だ。人気は高まるばかりで、都内の旗艦校ともなれば、クラス数は15にも及ぶ。1年生からの入塾は、前出のママ友の言葉がきっかけになった。新4年生クラス（3年生2月）から入るには厳しい入室テストが課せられるため、希望者全員が入れるわけではない。しかし、1年生のクラスなら入りやすい。どうせどこかの塾にお世話になるのならばと、小学1年生からの入塾を決めた。

低学年から通塾する子はさすがに少なく、葉子さんの通う校舎では1~2クラスという編成だった。幼稚園受験、小学校受験と経験豊富な葉子さんはつねに上位クラスに席があった。

通塾日もまだ週に1回。親も本人も習い事の一環という意識だった。それに変化が訪れたのは3年生の2月頃。中学受験のセオリーどおりに多くの子が入塾してくると、立ち位置は一変。クラスは一気に12クラス編成となり、葉子さんは真ん中あたりの成績のクラスになったのだ。

「1年生から入っている私が下で、新しく入ってきた人のほうが上だなんて。今までやってきたことはいったい何だったの!」

葉子さんは複雑な心境を家で語るようになる。学校では成績もよく、みんなをまとめるリーダー的存在として一目置かれていた葉子さん。だが塾では、トップ集団には食い込めないという、情け容赦ない現実。不安と不満の気持ちが膨らむなか、5年生で生理が始まると、ホルモンバランスの影響からか時折、目に見えていら立つこともあった。

高学年になると、さらに「女の子ならでは」の悩みが出てくる。顔にできたニキビが気になり、学校には毎日マスクをつけて登校した。「なんで私をこんな顔に産んだの! もう、死にたい！」と叫ぶことさえあった。

小学生の女の子でこれだけ荒れる姿を見たら、大抵の親は激しく動揺してしまうかもしれない。しかし、知子さんは冷静だった。「そのままの気持ち」を受け止めることに徹したのだ。いら立ちの背景にあるであろう成績のことは口にせず、「ニキビの話に向き合って、いい洗顔料がないかと探したり、彼女の声になるべく耳を傾けるようにしていました」

塾の成績はというと、引き続き中位層を漂うばかり。実は葉子さん、国語の成績はずば抜けており、偏差値は70以上、全国3位の成績を取ったこともある。問題は算数だった。

「〝どうして？〟という疑問に納得しないと進めないらしく、公式を使えば早く解ける問題も、自分で解の出し方を見つけて解こうとするために時間がかかり、テストではなかなか点が取れませんでした」（知子さん）

知子さんは自身が設立した会社を経営する多忙な身だ。娘の受験勉強をがっちりサポートするには時間が足りない。

ここで知子さんは決断する。自分は娘の愚痴を聞く役割、つまりメンタルのサポートに徹することにし、勉強面はプロに任せることに。6年生からは塾に加えて家庭教師をつけた。

家庭教師の紹介所に頼むにあたり、まず考えたのが先生の性別だった。参考にしたのは学校での様子。

「男性の先生より女性の先生のほうが娘を高く評価してくださることが多かった気がして。もしかしたら、女性の先生のほうが、馬が合うのではと思いました」

女性の先生を希望すると、なんと高級ブランド・エルメスのバッグを提《さ》げた、20代のおしゃれな先生がやってきた。

「〝先生の持ってるバッグかわいい！〟と、もう娘の目はキラキラ。家庭教師との勉強をとても楽しみにするようになりました」

「あの先生となら頑張れる」

葉子さんの笑顔は目に見えて増えた。

親族からのプレッシャー

塾内での成績は相変わらず中間あたりの葉子さんだが、実は偏差値は決して悪くはない。サピとは前述したように、御三家など超トップ校を目指す子が集まる特殊な塾。サピの中では中位層だが、全体で見れば十分に高い偏差値、成績だ。そこを見誤る親は、「もっと上がいる」「努力が足りない」と無謀なプレッシャーをかけてしまう。しかし、知子さんはそこをよく心得ていた。葉子さんの成績を悪いとは思わず、責めることはしなかったのだ。

第一志望に決めたのは早稲田大学の附属校。押さえの2校は偏差値上位の女子校二つ。滑り止めは三田国際など数校を選んで8校の受験を決めた。塾の担任からは、「押さえの学校の一つはランクを下げたほうがいい」とのアドバイスが入ったが、家庭教師の先生からは「下げなくて大丈夫です！」の言葉。知子さんは娘の様子と自分の感覚を信じ、押さえはそのままいくことにした。

「塾は少しでも合格校を増やしたいのだと思います。〝○○中学○人合格〟と、宣伝になりますから」。受験費用や入金日、受験日に合格手続きの日にちなど、段取りは母親の知子さんがエクセルで表にして管理、手続きにミスのないよう準備した。だが、葉子さん本人は、成績が上がらないことへの不安や、トップとまではいかない志望校についてなど、コンプレックスを抱えていたようだ。冬休みもほぼ毎日塾に通い、いよいよ受験も正念場。ヒリヒリするような緊張の続く毎日の中で迎えた正月、葉子さんのいら立ちはピークに達する。

　知子さんの家では毎年、両親や兄弟家族が年明けに集まり食事と歓談を楽しむのが恒例だった。元日だけは塾も休み。葉子さんの息抜きにもなるだろうと、例年どおり親族に声をかけた。ところが、12月31日。葉子さんが翌日の新年会を「やめてほしい」と言い出した。親戚が集まれば必ず受験の話になるからだという。

　母・知子さんの兄弟はそれぞれに開成から東大、慶應から慶應などと秀才ぞろい。「おじさんたちは早稲田はいいが、青学はいちばん下で、それ以下はきっと人じゃないくらいに思ってる」。そう言って譲らないほど、受験を前に葉子さんはとてもナーバスになっていた。確かに前年の新年会で「どこを受けるの」など、受験の話が出ていたという記憶はあったが、差しさわりのない話にしか聞こえなかった。

「わが家の長女というだけでなく、うちの親族にとっては初孫で、みんなの目が向きやすかったのは確かですが、ここまで思いつめていたなんて……」

　すでに大晦日、今さら場所を変更するわけにもいかなかった。知子さんが事前に親族に連絡をとり「絶対に受験の話を出さないで」と、釘をさしての集まりとなった。

緊急入院に揺れた心

満を持しての本番でも、大きな事件が葉子さんを襲う。

第一志望校の受験前日、1月31日のことだ。当時2歳の妹のゆつきちゃん（仮名）を突然激しい腹痛が襲った。病院に行くと腸重積症《ちょうじゅうせき》と診断され、そのまま緊急入院。知子さんは病院での泊まり込みの看病を余儀なくされた。

緊急オペの可能性もあるという状況下、病院のベッドに横たわる次女はもちろん心配だが、受験を明日に控えた長女・葉子さんの気持ちを考えると、胸が痛くなった。

「大事な日に娘についていてやれない」

眠れぬ夜を明かした。

夫や自身の母と連携し、知子さんは早朝に病院を出て自宅に戻り、持ち物のチェックをするゆとりもないまま葉子さんと試験会場へと向かった。会場はまだ開門前。せめて、試験会場入りを見届けたいと考えていた知子さんに、葉子さんが言った。

「私は大丈夫だから、早くゆつきのところに帰ってあげて」

妹を心配する不安な気持ちのまま挑んだせいなのかどうか、その第一志望校は手応えのないままあえなく終わった。しかし、葉子さんの心はすでに翌日の第二志望校の試験に向いていた。母からのメンタルの支えがなくとも前を向き、試験に向かえるほど葉子さんは立派に成長していた。

翌日の2月2日、知子さんが依然ゆつきちゃんの看病があって付き添えないなか、今度は叔父と第二志望の難関女子校、洗足学園の受験会場に向かった葉子さん。この学校で葉子さんは合格を手にした。早い思春期の訪れや、試験直前の不安で何度も爆発するような精神状態をしのいだ後にやってきた、妹の緊急入院という大事件。それらを乗り越えて手にした合格だった。

誰よりも長かった受験生活を無事に終え、知子さんは安堵の表情を浮かべる。

「学校で出る宿題が膨大で、大変そうではありますが、楽しく学校に通っています」

中学受験は親子の二人三脚、親の伴走次第で子どもは変わるといわれるが、伴走の仕方を一歩間違えば、その後の親子関係や日常生活にまでそのツケが回ることは少なくない。成績が横ばいでもそのことをとがめず、娘の気持ちに寄り添うことに徹したことが、強いメンタルを葉子さんに授けたのだろう。母を何度も心配させた〝ネガティブ葉子〟はもういない。大好きな読書とダンスを楽しむ平穏な日々が葉子さんを包んでいた。

入学当初の喜びが一変。校風が合わずに自主退学

入学当初の取材では入学をとても喜んでいた阿部家。ところが1年を終える頃には葉子さんの気持ちは変わっていた。校風が合わない……。学校生活をする中でそう思うことが増えていった。

私立中学は公立とは違い、それぞれに校風がある。校則の厳しい学校もあれば、自由な校風の学校もある。そんな中、葉子さんが入学した洗足学園は校則が厳しいことでも有名だった。例えば冬の通学に欠かせない防寒着のコートは学校指定のものの着用が義務づけられていた。洗足学園といえば最近は制服にスカートだけでなくスラックスを導入するなど新しい取り組みも見られる。だが、厳しい校則は変わらない。

なぜ、指定されたダサいコートを着ないといけないのか。オシャレを楽しみたいお年頃になった葉子さんはこの決まりがどうにも嫌だった。ある日、別のコートを着ているところを見つかった葉子さん、校則違反で注意を受けると同時にペナルティが待っていた。数日間にわたり反省文を書かされたのだ。

それでも、葉子さんの気持ちは釈然としない。そもそもなぜ、規定のコートでなければいけないのか。色だけ統一ではダメなのか……葉子さんには葉子さんなりの意見があった

が、規則の厳しい学校では反抗としかとられない。出る杭は打たれる一方だった。

学校の方針と自分が合わないことを感じながら学校生活を送っていた葉子さんはそのうちに「留学したい」と言うようになっていく。学校を替わりたい、本人にはそんな思いもあったのかもしれない。中学入学当初から英語の勉強が好きだった葉子さんの目は海外へと向き始めた。

中学生からの留学はあまり一般的とは言えないが、知子さんも娘の希望を受け入れた。中学2年生の途中からニュージーランドへ留学するため、全ての手配を整えた。ところがだ。不運にもここでもまた関門が立ちはだかる。コロナ禍だ。渡航数日前にニュージーランドが国境を閉鎖、入国ができなくなった。

「私、絶対に洗足には戻りたくない！　日本に留まるなら公立中学に行かせて！」

葉子さんは泣きながら知子さんに訴えた。公立に移ればまた受験が待っている。高校受験は甘くはないことも伝えたが、本人は一歩も譲らない。どれだけ大変だったとしても、洗足には戻りたくないと言うのだ。洗足といえば人もうらやむ名門難関校。校風の合う子にとっては最高の学校なのだが、葉子さんにとってはそうではなかった。入学当初は順風満帆に見えていた葉子さんだったが、中学3年生で公立中学へ転校という波乱の中学生活になっていた。その後、葉子さんは都立御三家の一つ、都立西高等学校に合格しコロナが落ち着いた高校2年生でカナダのバンクーバーに念願の海外留学を果たした。今は、外務省に入ることを夢見て東大を目指している。志望校に入学したはずが波乱の日々を送ることになってしまった阿部家は今、何を思うのか。

「第二志望を決めるとき、偏差値と校舎や設備の綺麗さに目がいってしまい、校風まで考えていませんでした。そこまでしっかり調べておけばよかった。ここが親としての反省点です」（知子さん）

中学受験は合格して終わりではない。学校生活はそこから始まる。受験前に学校に足を運ぶことはもちろん、校風、生徒の雰囲気などがわが子に合うかを見なければならない。それを怠るとその後の学校生活にもこれだけ影響することを阿部家のケースは教えてくれている。

あとがき

休日のＪＲ中央線、「今日はできた？」「う〜ん、わかんない。前よりはできたと思うけど……」。近くに立つ親子の会話が聞こえてきた。母親の肩ほどの背丈の少女は質問に答えると、リュックサックの肩紐《ひも》をギュッと握り直していた。中学受験を目指す子どもの休日は忙しい。毎週のようにクラス分けテストや模擬試験に挑戦し、自分の弱点を見極めて補う勉強を繰り返す。大手塾に通う子の大半はこういう週末を過ごしている。

私立中学の教育や受験についての取材を始めて10年が経とうとしている。この間、子育て世帯の生活も変化した。今や専業主婦家庭のほうが少なくなり、東京では働き方の中身も変わった。都が行った「東京の子供と家庭」（令和４年度）によれば、母親の働き方は「正規の職員・従業員」の割合が増加して全体の半数近くになっている。一方「パート・アルバイト」の割合は約３割に減少した。

この変化は受験に対する親の関わり方の変化にも繋がっているように思う。勉強は塾と本人に任せ、行ける学校に行けたらいいという層も増えた。「お金も時間もほどほどの省エネ受験」。エピソード11に出てきた家庭はまさにそういう家庭だった。この場合、親が過干渉にならないことで子どものストレスが少なくて済むという面もある。

逆に、教育熱が過ぎて子どもを苦しめてしまう家庭もある。本書に出てくるエピソードの中には、親子関係が壊れてしまったケースもある。こうした例は反面教師にしてほしい。

子どもが心身共に健康で中学受験と向き合える環境を与えられるのは親しかいない。

取材を受けてくださった方々は、自分たちの経験がこれから受験をする家庭の「お役に立てるのならば」という気持ちで協力してくださった。私も、本書が幸せ（ウェルビーイング）な中学受験の一助となればと願っている。最後に、書籍化を快く承諾してくださった東洋経済新報社と、書籍化のチャンスをつくり、原稿をせかさずに待ってくれた集英社インターナショナルの編集者、田中伊織さんにお礼を述べたい。また、いつも私の執筆を寛大な心で見守ってくれる夫と子どもたちにも感謝している。夏休みにもかかわらず、文句も言わずに原稿を書かせてくれてありがとう。

２０２４年８月　夏休みの湖畔にて

宮本さおり

初出　『東洋経済オンライン』「中学受験のリアル」
２０１８年11月～２０２３年7月

ＪＡＳＲＡＣ　出　２４０６６４３－４０１

宮本さおり《みやもと さおり》

ジャーナリスト。一九七七年、愛知県生まれ。同志社女子大学卒業。地方新聞記者として文化・教育紙面を担当。二〇〇四年に渡米し、シカゴにて第一子の子育てに専念。二〇〇八年から教育、子育て、ワークライフバランス分野を中心に取材活動を再開。『AERA』などで執筆。『東洋経済オンライン』の連載「中学受験のリアル」を含む教育ルポで東洋経済オンラインアワード2020「ソーシャルインパクト賞」を受賞。プライベートでは大学生と中学生の子を持つ母。二〇二二年一般社団法人Raiseを設立、共同代表に就任。著書に『データサイエンスが求める「新しい数学力」』（日本実業出版社）などがある。

中学受験《ちゅうがくじゅけん》のリアル

二〇二四年一〇月一二日 第一刷発行

インターナショナル新書一四九

著　者　宮本《みやもと》さおり

発行者　岩瀬 朗

発行所　株式会社 集英社インターナショナル
〒一〇一-〇〇六四 東京都千代田区神田猿楽町一-五-一八
電話 〇三-五二一一-二六三〇

発売所　株式会社 集英社
〒一〇一-八〇五〇 東京都千代田区一ツ橋二-五-一〇
電話 〇三-三二三〇-六〇八〇（読者係）
〇三-三二三〇-六三九三（販売部）書店専用

装　幀　アルビレオ

印刷所　大日本印刷株式会社

製本所　加藤製本株式会社

ISBN978-4-7976-8149-9 C0237

インターナショナル新書

144
AIなき世界に戻れるか？
物理学者、17の思考実験
須藤 靖

AIが人間の存在を脅かしたら、ハンマーで壊せばいい？宇宙はなぜ、ごく少数の物理法則に支配されている？アインシュタインはノーベル賞の賞金で離婚できた？自由な発想とユーモアで読者を魅了する科学エッセイ。

146
売上目標を捨てよう
青嶋 稔

野村総研のトップコンサルタントであり、自身もかつて営業を経験した著者が、19の先行事例から解説するマーケティング改革の成功事例集。【掲載事例：ソニーグループ、サントリー、日立製作所、大和証券、他】

147
光速・時空・生命
秒速30万キロから見た世界
橋元淳一郎

この世界に光速を超える速度はない。超光速粒子タキオンやウラシマ効果などのSF感覚も導入し、時間と空間、実世界と虚世界、宇宙、哲学、生命、人類の未来にまで及ぶ、光速をめぐる壮大な思考実験を展開。

148
あなたの健康は免疫でできている
宮坂昌之

免疫が働きすぎるとどうなる？病原体を記憶する免疫細胞とは？免疫はがんに効く？免疫学の第一人者が、誰もが知りたい「免疫のきほん」を50のQ＆A形式で解説。免疫の新常識が身につく入門書！